성지기행

한 상 수

왜 그들은 자신을 부정하고 인생을 버렸을까.
나는 성지순례 중에 이런 해답을 들을 수 있었다.
그때마다 내 영혼이 깨어나는 소리를 들을 수 있었다.

성지기행
한 상 수

발 행 일   2018년 11월 20일
지 은 이   한상수
발 행 인   李憲錫
발 행 처   오늘의문학사
출판등록   제55호(1993년 6월 23일)
주   소   대전광역시 동구 대전로867번길 52 (삼성동 한밭오피스텔 401호)
전화번호   (042)624-2980
팩시밀리   (042)628-2983
전자우편   hs2980@hanmail.net
카   페   cafe.daum.net/gljang(문학사랑 글짱들)
           cafe.daum.net/art-i-ma(아트매거진)

공 급 처   한국출판협동조합
주문전화   070-7119-1752
팩시밀리   031-944-8234~6

ISBN 978-89-5669-959-2
값 18,000원

ⓒ한상수. 2018

* 이 책은 (주)교보문고에서 eBook(전자책)으로 제작하여 판매합니다.
* 잘못 제작된 책은 바꾸어 드립니다.
* 이 책은 대전광역시와 대전문화재단에서 사업비 일부를 지원 받았습니다.
* 이 도서의 국립중앙도서관 출판예정도서목록(CIP)은 서지정보유통지원시스템 홈페이지 (http://seoji.nl.go.kr)와 국가자료종합목록시스템(http://www.nl.go.kr/kolisnet)에서 이용하실 수 있습니다. (CIP제어번호 : CIP2018035999)

성지기행

| 서문 |

영혼의 갈증을 풀기 위한 성지기행

나는 오래 전 젊은 날부터 성지순례를 꿈꾸며 살아왔다. 그러다가 대학에서 은퇴한 후 세 차례에 걸쳐 성지순례를 하게 되었다. 첫 번째는 이스라엘민족의 출애굽코스를 따라 이집트, 요르단, 이스라엘에 있는 성지를 순례하는 것이었고, 두 번째는 요한계시록에 나오는 소아시아에 있는 일곱 교회와 그리스에 있는 성지를 탐방하는 것이었고, 세 번째는 아르메니아인들이 이란에서 온갖 핍박과 고난을 받으면서도 십자가를 지킨 이란 교회를 둘러보는 것이었다.

이와 같이 성지순례를 하게 된 것은 내 영혼이 뭔가 갈증 같은 것을 느끼고 있었기 때문이었다. 이를테면 내가 가지고 있는 어리석음에서 벗어나기 위한 도전이나 결단하는 능력이 부족한 데서 오는 그런 것이었다. 그래서 때로는 내 믿음은 하찮은 것에도 잘 흔들렸고, 조그만 시험이 와도 당황하고 허둥대었다. 때로는 끝없는 욕망과 다투어야 했다. 나는 거듭나지 못하였다. 한마디로 말해서 남루한 인생이었고 내세울 것이 없는 부끄러운 존재였다.

나는 뒤늦었지만 이러한 삶에서 탈출하고 싶었다. 새로운 푯대를 향하여 달려가고 싶었다. 그리고 인생이란 무엇인가 깨닫고 싶었다. 그래서 나는 성지로 달려가서 나를 위하여 십자가에 못 박힌 예수를 만나고 싶었다. 신앙을 지키기 위하여 목숨을 내던진 수많은 순교자들의 목소리도 듣고 싶었다. 왜 그들은 자신을 부정하고 인생을 버렸을까. 나는 성지순례 중에 이런 해답을 들을 수 있었다. 그때마다 내 영혼이 깨어나는 소리를 들을 수 있었다.

성지순례를 마치고 내 삶에는 몇 가지 변화가 왔다. 첫째가 믿음의 확신이고, 둘째는 나 자신의 삶에 대한 여유를 갖게 되었고, 셋째는 내 이웃 사람들에게 감사하는 생활을 하게 되었다. 그러나 나는 아직도 내 모든 것을 버리지 못하고 움켜쥐고 있는 것이 너무나 많다. 이런 것을 보면 나는 아직도 어리석음의 굴레를 벗어나지 못하고 있는 것 같다. 다시 성지순례를 다녀와야 할런지 모르겠다.

2018. 10. 9

주방서실에서 육헌 한 상 수

| 차례 |

서문_ 영혼의 갈증을 풀기 위한 성지기행　　4

이집트
01 올드 카이로의 꼽트교회　　10
02 카이로에서 시내산까지　　16
03 모세가 십계를 받았던 시내산　　23

요르단
04 협곡 속에 숨겨진 도시 페트라　　32
05 모세가 생을 마친 느보산　　38

이스라엘
06 사해, 그리고 쿰란　　46
07 아, 예루살렘아!　　51
08 아기 예수가 탄생한 베들레헴　　58
09 예수가 살았던 나사렛　　63
10 예수의 활동 무대였던 갈릴리　　70
11 베드로수위권교회와 가버나움　　78
12 전쟁터 므깃도와 갈멜산　　84
13 겟세마네동산　　91
14 시온산과 마가의 다락방　　100
15 골고다로 가는 길　　106

16 예수가 십자가에 못 박혔던 골고다언덕   113
17 예수가 승천한 감람산   121
18 비극의 요새 마사다   128
19 모리아산과 통곡의 벽   134

터키

20 위치도 알 수 없는 버가모교회   142
21 땅속에 매몰된 두아디라교회   148
22 아르데미스신전에 붙어있는 사데교회   155
23 지하에 숨은 도시 빌라델피아교회   161
24 황무지가 되어 버린 라오디게아   167
25 사도 요한이 칭찬한 서머나교회   173
26 셀축, 사도 요한기념교회   179
27 에베소교회는 어디 있나   185
28 바울기념교회가 있던 비시디아 안디옥   191
29 갑바도기아의 지하도시   197

이란

30 동방박사교회   206
31 예수 제자 다대오순교기념교회   213
32 슬픈 역사를 간직한 반크교회   220
33 아라랏산 노아의 방주   226

이집트

01 올드 카이로의 콥트교회
02 카이로에서 시내산까지
03 모세가 십계를 받았던 시내산

01 올드 카이로의 꼽트교회

　성지순례의 출발은 이집트 카이로에서부터 시작되었다. 카이로에서 아기예수가 피난했던 꼽트교회(Copt Church)를 둘러보고 이스라엘 민족의 출애굽(出埃及) 코스를 따라 예루살렘에 입성하는 것이다. 콥트교회는 영어로 콥틱교회(Coptic Church)라고도 표기한다. 나는 원주민 발음대로 콥트교회로 적기로 했다.
　우리 순례단은 피라미트가 있는 기자(Giza)지역 근처 카타락트 리조트에서 하룻밤을 묵었다. 이 리조트는 시설도 좋고 경관도 아름다운 곳이었다. 모든 시설이 현대적이면서도 전통적인 건축미(建築美)를 살려서 이집트의 향기랄까 그런 것을 느끼게 하였다. 거기다가 도시 외곽에 위치하고 있기 때문에 아침에는 시골에서 짐을 싣고 올라오는 마차나 낙타가 끄는 달구지를 볼 수 있어서 더욱 좋았다.
　재밌는 것은 이른 아침부터 호텔정문에서 다섯 사람의 악사(樂士)들이 그들 고유의 악기로 음악을 연주하고 있는 것이었다. 숙박하는 사람들에게 자기들 연주 솜씨도 보여주고 부수입도 올리자는 속셈에서 시작한 것 같았다. 조금은 청승맞고 애상적(哀想的)인 멜로디지만 다른 나라에서 들어보지 못한 가락이어서 귀를 기울이게 하였다. 아마 이집트의 전통적인 민요인 것 같은데 잠시나마 즐거운 시간이었다. 그런데 팁을 기다리는 바구니를 끝내 외면하고 그냥 돌아선 내 자신이 뒤에 생각해보니 한 없이 얄밉기만 하였다.
 이른 아침부터 올드 카이로에 갔다. 카이로는 올드 카이로와 뉴 카이로로 나뉘어 저 있었다. 올드 카이로는 카이로의 발상지(發祥地)이며 이집트 역사를 피부로 느낄 수 있는 곳이었다. 도시 전체가 하나의 역사박물관(歷史博物館)과 같았다. 그 중에서도 초기 기독교가 그대로 살아 숨 쉬고 있는 곳이다. 이른바 꼽트(copt)교회라고 하는 것이 바로 그것이다. 꼽트라는 말은 이집트 원주민 또는 그들의 언어를 이르는 말이다. 이집트는 인구 7,500만 명 가운데 90%가 이슬람교 신자들이다. 그 중에 기독교인은 10%밖에 안 되는 750만 명 내외라고 한다. 이슬람의 온갖 박해와 핍박 가운데서도 이 정도의 성도(聖徒)가 있다는 사실은 정말 놀라운 일이다.
 성서적으로 보면 구약시대(舊約時代), 즉 BC 1700년경 야곱의 아들 요셉이 형들의 미움을 사서 17살의 나이로 팔려갔다가 하나님의 도움으로 이집트 총리(總理)가 되고, 그 뒤 야곱의 일족(一族)이 흉년을 맞이하여 이집트로 이주했던 사실이 나온다. 그 뒤 이스라엘 민족은 모세에 의하여 가나안 땅으로 돌아오기 전까지 약 400여 년간을 이집트에서 살았다.
 신약시대(新約時代)에는 헤롯왕이 그리스도의 탄생(誕生) 소식을 듣고 불안을 느낀 나머지 베들레헴에 있는 모든 유아(幼兒)를 죽이라는 명령을 내렸다. 이 때 목공(木工) 요셉이 주의 사자(使者)로부터 아기 예수를 데리고 이집트로 피난가라는 말을 듣고, 그들은 카이로 와서 헤롯이 죽을 때까지 그 곳에서 살다가 고향으로 돌아갔다. 이처럼 카이로는 이스라엘과 인연이 깊은 나라다.
 올드 카이로는 고색(古色)이 창연(蒼然)했다. 마차도 다닐 수 없는

아기 예수 피난교회 가는 골목길

좁은 골목길과 세월의 때를 벗지 못한 낡은 건물들과 그리고 이슬람의 거센 바람을 이기며 견뎌온 꼽트교회가 비참하리 만큼 초라한 모습으로 거기 있었다.

올드 카이로에는 4세기 말부터 5세기에 걸쳐 세워진 아기예수피난교회를 비롯하여 모세기념교회, 무아라카교회, 세인트 바바라교회와 세인트 조지여자수도원 등이 있다.

아기예수피난교회(Church of Abu Sarga)는 골목길을 얼마 들어가지 않아서 자리 잡고 있었다. 교회가 원체 좁은 골목에 세워졌기 때문에 교회 전체의 모습은 볼 수 없었다. 우리는 계단을 밟고 지하로 내려가서 교회 내부로 진입할 수 있었다. 교회 안에는 여러 가지 성화(聖畵)와 장식물(裝飾物)이 두 눈을 현란하게 하였다. 그 중에 특별히 눈길을 끄는 것은 열 두 개의 기둥이었다. 이 기둥은 모두 예수의 열두제자를 상징하는 것이라고 하는데 모두 원주(圓柱)로 되어 있고, 주두(柱頭)는 고린도 양식으로 만들어서 한층 경건(敬虔)한 분위기를 연출하고 있었다. 그런데 그 중 하나는 주두가 미완성으로 되어 있었다. 그것은 예수를 배반한 가롯 유다를 상징하는 기둥이라고 하였다.

본당(本堂) 뒤에는 마리아와 요셉이 아기 예수를 모시고 살았던 동굴이 있었다. 아주 작은 동굴이었다. 동굴 안에는 물이 흥건하게 고여 있었다. 아기예수피난교회는 바로 이 동굴 위에 세워진 것이었다. 본래 이 건물은 서기 303년에 시리아에서 순교한 시지우스(Sergius)와 바쿠스(Bacchus)를 기념하기 위하여 세운 교회였는데, 서기 10~11세기에 재건하여 아기예수피난교회로 불리게 된 것이다. 이 교회의 건물은 길이가 17m, 폭이 15m, 높이가 3m가 되는데 이집트 비잔틴 바실리카양식으로 지은 건물이었다. 비록 교회의 규모는 작고 허름했지만 아기예수가 한 때나마 이곳에서 살았다는 사실을 생각할 때 나는 가슴이 뭉클함을 느꼈다. 거기다가 서기 641년 이슬람의 침입 이후 온갖 박해와 탄압 가운데서도 교회를 꿋꿋하게 지켜온 그들이 참으로 우러러 보였다.

모세기념교회는 아기예수피난교회와 지척에 있었다. 조그만 철문을 통과하여 교회 마당으로 들어갔으나 장소가 협소하여 안타깝게도 교회 건물은 한눈에 볼 수 없었다. 교회 내부는 아기예수피난교회와 마찬가지로 성화(聖畵)와 성구(聖具)들로 가득 차 있었다. 안내자의 말에 의하면 모세기념교회가 꼽트교회의 원형이라고 한다. 그뿐만 아니라 이 교회에는 역사적 가치가 높은 게니자문서(Geniza Document)와 모세의 토라가 보존 되어 있다고 했다.

이 교회는 BC 350년 경, 선지자 예레미야 시나고그에 의해서 건축되었다고 한다. 그 뒤 이 교회는 파괴와 건축을 반복하다가 서기 1115년 랍비였던 벤 에즈라가 재건하여 오늘에 이르고 있다. 그리하여 현지인들은 이 교회를 벤 에즈라 시나고그교회라고도 부른다. 본래 이 교회는 모세가 거주했던 장소라고 한다. 그리고 출애굽 당시 이집트 델타 동남부에 살고 있던 유대인들의 출발 장소라고 한다. 또 다른 전설에 의하면 BC 6세기경 느부갓네살의 침입으로 예루살렘이 파괴 되었을 때 예레미야가 이곳에서 설교를 했던 곳이고, 그리고 예레미아가 죽은 뒤에는 그가 묻힌 장소라고도 한다. 이처럼 꼽트교회는 기독교 인물들과 인연이 깊은 교회였다.

마가복음의 저자인 마가가 말년에 이집트 알렉산드리아에서 교회를 설립하고 복음을 전하였다고 하는데 마가의 이러한 전도활동은 꼽트교회의 출발이 되었다고 한다. 그런데도 꼽트교회가 교회사(敎會史)에서 멀어진 것은 서기 451년 지금의 터키 칼케톤종교회의에서 예수의 신성만 인정하는 꼽트교회가 예수의 신성(神性)과 인성(人性)을 주장하는 로마 카톨릭에 반기를 들고 이탈했기 때문이다. 나는 꼽트교회를 둘러보고 나오면서 꼽트교회는 마치 이슬람이란 커다란 바다 가운데 떠 있는 하나의 외로운 섬처럼 느껴졌다.

02 카이로에서 시내산까지

　카이로 관광을 마치고 구약성경 출애굽(出埃及)여정에 따라 성지순례(聖地巡禮)길에 올랐다. 출애굽이란 지금으로부터 3,300여 년 전 이집트에서 종살이를 하던 이스라엘민족이 모세의 인도함에 따라 가나안 복지(福地)로 들어간 여행경로를 말한다.
　카이로를 벗어난 버스는 농촌 풍경을 계속 보여주면서 달렸다. 버스는 지평선(地平線)이 보이지 않는 드넓은 평원(平原)을 달리고 있었는데 창밖의 풍경이 단조롭기 짝이 없었다. 다만 이상한 것은 언제부터인가 경찰차 한 대가 우리를 태운 버스를 호위(護衛)해주며 달리고 있는 것이었다. 말하자면 에스코트를 하고 있는 것이었다. 그뿐 아니라 버스 안에는 사복경찰 한 사람이 무장(武裝)을 하고 앉아 있었다. 이집트는 자기 나라에 온 관광객을 철저하게 보호하고 있는 것이지만 그 만큼 치안이 불안하다는 것을 반증하고 있는 것이었다. 그런 모습이 신기하기도 하였지만 부담스러운 마음을 금할 길이 없었다.
　카이로를 출발한 지 무려 3시간이나 지나서 중간 목적지인 라암셋(Raamses)에 도착하였다. 라암셋은 이집트 하류 삼각주(三角洲) 중앙에 있는 도시로 나일강 타니데익 지류 동쪽에 있는 국고성(國庫

城)이었다. 이집트 왕은 요셉의 친족(親族)을 위하여 이집트에서 가장 비옥한 땅 고센 땅을 주었다. 라암셋은 고센(Goshen) 지역의 일부에 해당하는 지역이다. 이곳 라암셋은 이집트 왕 람세스 2세가 이스라엘 백성을 강제 동원하여 도시를 건설하고 자기 이름을 따서 라암셋이라 한 곳이다.

버스가 머문 곳에서 언덕을 하나 넘으니 커다란 분지(盆地)가 나타났다. 그 분지로 내려가니 3,300년 전에 이스라엘 백성의 손길로 다듬어졌던 석물(石物)이 그야말로 널려 있었다. 돌 하나가 수십 톤이나 되는 것도 많았다. 그 중에 눈길을 끄는 것은 람세스 2세의 석상(石像)과 거대한 오벨리스크였다. 오벨리스크에는 이집트 상형문자(象形文字)를 새겼는데 그 정교함과 아름다움이 감동을 자아내게 하였다. 무엇보다도 의문을 자아내게 하는 것은 이처럼 큰 돌을 어디서 캐내었으며 어떻게 운반해왔는가 하는 것이었다. 그러나 우리를 인솔한 안내자도 확실한 답변을 하지 못하였다. 이스라엘 백성은 이러한 중노동(重勞動)을 하다가 모세의 인도를 받게 된 것이다. 우리 일행이 관람을 마치고 나오는데 분지를 둘러싸고 있는 산봉우리마다 경찰들이 기관총을 들고 서 있는 모습이 눈에 띄었다. 우리가 관광을 마치고 버스로 돌아가니까 그들도 산에서 내려오고 있었다.

모세는 이곳에서 이스라엘 백성을 이끌고 출애굽을 했던 것이다. 성경에 장정 50만 명이라했는데 장정 한사람에게 아내와 아이들 모두 세 사람씩 있다고 가정해도 출애굽 인구는 약 200만 명이 되는 것이다. 이처럼 많은 사람들이 이곳 라암셋에서 출발하였던 것이다.

우리는 버스를 타고 오던 길을 다시 되돌아 나오면서 당시 이스라엘 백성이 종살이하던 모습을 상상하여 보았다. 나는 영화 십계(十戒)를 감상한 일이 있어서 그리 어려운 일이 아니었다. 귀 기울이면

이스라엘 민족이 전투했던 르비딤 골짜기

그 당시 이집트 군인들의 채찍소리와 함께 이스라엘 백성들의 고함소리가 쟁쟁하게 들려오는 것 같았다. 약소민족은 이렇게 늘 고난의 역사만 반복하는 것이 하나의 숙명인지도 모른다.

우리는 이스라엘 백성들이 모여 살았던 숙곳이란 곳으로 갔다. 그곳에서 특별한 유적(遺跡)을 찾아 볼 수는 없었다. 다만 아이들이 떼로 몰려와서 손을 내미는 모습만 볼 수 있었다. 이집트는 거지가 없는 나라지만 70%의 국민이 거지라는 말이 떠올랐다. 누군가 가난한 손이 애처롭게 느껴졌던지 한 아이에게 사탕을 쥐어주었다. 그러자 곧 아귀(餓鬼)다툼이 벌어졌다. 그런 모습이 60여 년 전 우리의 모습인 것 같아서 여간 안쓰럽지 않았다.

숙곳을 출발하여 스위즈 운하를 지나서 이스마일리아에 도착하였다. 늦은 저녁이라 곧장 잠자리에 들었다. 아침에 일어나 보니 그곳은 홍해(紅海) 해변가에 있는 아름다운 휴양도시였다. 유럽의 부호들이 와서 한여름을 지내고 가는 곳이라고 하는데 그런 곳을 그냥 스쳐지나간다는 점이 못내 아쉬웠다.

다시 버스를 탔다. 버스는 황량(荒凉)한 사막을 달렸다. 풀 한 포기 나무 한 그루 보이지 않는 광야였다. 산이 있어도 불그스레한 바위산뿐이었다. 이런 곳에 도로가 있다는 사실이 기적처럼 느껴졌다. 똑 같은 풍경이 계속 나타났다. 지루하다는 생각을 하면서 뒤를 돌아보니 모두들 꾸벅꾸벅 졸고 있었다. 나도 그들을 따라 그만 잠들어버리고 말았다. 얼마나 잤을까, 버스가 멈추는 소리가 들렸다. 눈을 뜨고 보니 사막 가운데 있는 조그만 오아시스였다. 마라라고 하는 곳이었다. 모세가 이끌고 가던 이스라엘백성이 머물렀던 곳이다.

성경에 의하면 쓴물이 나오는 우물에 모세가 나뭇가지 하나를 넣으니까 단물로 변했다는 곳이다. 그런데 그곳에는 엣셀(Essel)이라고 하는 큰 고목(古木)과 함께 우물이 있었다. 그 나무는 출애굽 당시에 있었던 나무라는 것이고, 우물의 이름은 모세의 우물이라고 하였다. 성경을 다시 보게 하는 증거물이었다.

우리가 마라에 도착하자마자 반짝시장이 열렸는데 상품은 자질구레한 장신구(裝身具)들이었다. 이곳 상인들이 상품을 들고 우리에게로 달려오면서 '3개 1달러, 빨리빨리, 골라골라' 이런 말을 하였다. 그런 그들이 측은해서 나무로 만든 십자가를 하나 사주었더니 소년은 미소를 지으며 고개를 끄덕 숙이었다.

다시 버스를 타고 달리기 시작하였다. 역시 같은 풍경이 계속 보였다. 그래도 조금 지루하지 않았던 것은 조각 작품 같은 산과 오른쪽으로 보이는 홍해였다. 이름과는 달리 쪽빛 바다가 시선을 자꾸 끌어당겼다.

다시 길이 꺾이면서 신광야(新曠野)를 지나게 되었다. 신광야를 지나면서부터 역삼각형(逆三角形)으로 된 싯딤나무가 단아한 모습으로 사막을 지키고 있었다. 싯딤나무는 법궤(法櫃)를 만들 때 귀하게 쓰임을 받는 나무라서 그런지 어딘가 모르게 귀티가 흘렀다. 신광야는 하나님이 이스라엘 백성에게 만나와 메추라기를 내린 곳이다. 나는 산만 바라보고 가다가 갑자기 하늘을 우러러 보았다.

산은 더욱 높아지고 골짜기는 더욱 깊어졌다. 나무만 있다면 더없이 아름다운 골짜기라는 생각을 떠올릴 수 있었다. S자 모양으로 된 꼬부랑길을 몇 구비 돌아가자 야자나무가 울창한 오아시스가 나왔다. 성서(聖書)에 이스라엘민족이 아말렉족속과 싸워서 이긴 르비딤 골짜기였다. 모세가 손을 들고 기도를 하면 이스라엘 백성이 이기고 손을 내리면 지기 때문에 아론과 훌이 모세의 손을 들어 올려주어서 승리를 거둔 곳이다. 감회가 어찌 없으랴. 나는 모세가 기도를 하던 산언덕에 올라가서 골짜기를 내려다보았다. 성서에 기록된 전투 장면이 선하게 보이는 듯하였다. 이스라엘민족이 첫 전투에서 승리한 르비딤골짜기…… 그야말로 여호와 닛시의 현장이었다.

우리는 다시 버스를 타고 노을이 곱게 물든 저녁에 시내산 아래에 있는 작은 마을에 도착하였다.

03 모세가 십계를 받았던 시내산

 어제 저녁 시내산 아래 오아시스 세인트 캐트리나 마을에 도착했다. 잠깐 토막잠을 자고 새벽 2시경에 일어났다. 시내산 등정(登頂)을 하기 위해서였다. 이렇게 일찍 서두른 것은 해가 뜨면 너무 더워서 산길을 오르기가 힘들기 때문이었다. 그보다도 더 큰 목적은 시내산 정상에서 미명(未明)에 떠오르는 장엄한 태양을 보기 위해서였다. 나는 손가방에 물병과 컵라면을 챙겨 가지고 버스에 올랐다. 버스는 약 10분 정도 달려간 뒤에 우리 일행을 내려놓았다. 그곳은 시내산 등정의 출발점이 되는 세인트 캐트리나 수도원(修道院) 앞이었다.
 세인트 캐트리나 수도원은 해발 1,530m가 되는 지점에 있었다. 이곳에서 시내산 정상까지는 해발 750m를 더 올라가야 하는데 도보로 약 3시간이 소요된다고 하였다. 시내산을 오르는 길은 두 갈래의 길이 있었다. 하나는 도보로 가거나 낙타를 타고 올라가는 완만한 길이 있고, 다른 하나는 3,750계단을 밟고 오르는 지름길이 있었다. 사람들은 대체로 완만한 길을 택하였다.
 나는 아내와 함께 낙타를 타고 가기로 했다. 시내산 골짜기는 칠흑처럼 캄캄했다. 나는 땅에 앉아 있는 낙타 등에 올라탔다. 그러자 낙

하나님으로부터 십계를 받았던 시내산

타가 불끈 일어나는 바람에 하마 트면 떨어질 뻔하였다. 낙타 등이 너무 높아서 불안했다. 거기다가 낙타가 조금 빠르게 길을 갈 때면 곧 떨어질 것 같아서 소리를 지르곤 하였다. 그런데 아내는 저만큼 앞에서 태연하게 가고 있는 것이 아닌가. 이 때 나는 문득 '네가 어디로 가든지 네 하나님 여호와가 함께 하신다'는 하나님 말씀이 생각났다. 그 제서야 마음이 평온해지는 것을 느꼈다. 그리고 하늘에 있는 별들이 보이기 시작했다. 하늘에는 커다란 은가루를 뿌려놓은 것 같았다. 별들은 칠흑 같은 어둠 속에서 뭔가 속삭이고 있는 것 같았다. 그야말로 환상적이었다. 흔들리는 낙타 등 위에서 바라보는 별들은 정말 더 없이 아름다웠다. 마치 동화책 속에 그려놓은 별들처럼 아름답게 보였다. 그리고 이따금 포물선(抛物線)을 그으며 흐르는 별똥별이 시내산 오르는 우리를 더욱 즐겁게 하였다.

　시내산 오르는 길에는 사람들과 낙타들이 줄을 지어 있었다. 매우 혼잡하였다. 그중에는 외국인들도 더러 있었지만 대개는 한국인들이었다. 모두 성지순례 차 온 사람들이었다. 이렇게 많은 사람들이 성지순례를 왔다는 사실이 믿어지지를 않았다.

　시내산은 현지인들이 가바르 무사(Gabal Muusa)라고 한다. 모세의 산이란 뜻이다. 종교적으로 기독교, 유대교, 이슬람교가 모두 거룩한 성산(聖山)으로 여기는 산이다. 그것은 모세가 하나님으로부터 십계(十誡)를 받은 산이기 때문이다. 시내산은 해발 1천m 이상 되는 산들을 수 없이 많이 거느리고 있었다. 시내산 정상은 약 2,285m라고 한다. 우리나라 백두산이 2,744m, 한라산이 1,950m인 것을 감안하면 시내산의 위용을 짐작할 수 있다. 이처럼 높은 산을 낙타를 타고 오른다는 생각을 할 때 낙타에게 조금은 미안한 생각이 들기도 하였다.

낙타 종점에서부터는 손전등을 밝히고 걸어야 했다. 얼마 가지 않아서 계단이 나왔다. 모두 8백 계단이라고 하는데 오르는 길이 너무 힘이 들었다. 얼마 올라가지 않았는데 숨이 차오르고 입에서 쓴 내가 났다. 더 올라갈 수가 없었다. 나는 아내의 손을 잡고 오르다 쉬다를 반복하면서 간신히 매점(賣店)이 있는 중간 지점까지 올라갔다. 나보다 먼저 올라온 일행들은 뜨거운 라면을 먹으면서 이렇게 맛있는 라면은 생전 처음이라고 감탄을 하며 호들갑을 떨었다. 정말 시내산에서 먹은 라면 맛은 잊을 수가 없다. 라면으로부터 새 힘을 받아 마침내 정상에 도착하였다.

우리 일행은 자리를 옮겨서 감사예배(感謝禮拜)를 드렸다. 마침 동행한 천안 대성감리교회 김기철 목사님이 설교를 하였는데 시내산 정상에서 듣는 말씀이라 그런지 마치 하나님 말씀처럼 들렸다. 너무나 은혜로웠다.

예배를 마치고 해맞이를 하였다. 동쪽 하늘이 불그스레하더니 빨간 해가 성큼성큼 솟아올랐다. 그러자 시내산에 있는 모든 바위들이 완전히 붉은색으로 변하였다. 신비하다고 할까, 장엄하다고 할까, 아니면 황홀하다고 할까 그런 것이었다. 거기 있는 모든 사람들은 숨을 죽이고 있다가 해가 완전히 떠오르자 일제히 손뼉을 치며 탄성을 질렀다. 그리고 여기저기서 찬송가(讚頌歌)를 부르는 소리가 들려왔다. 찬송가 소리가 끝나자 누군가 색소폰으로 찬송가 405장을 연주하는 소리가 들렸다. 나는 나도 모르게 '할렐루야!'를 크게 웨치고 말았다.

시내산 정상에는 모세가 하나님으로부터 십계를 받았던 자리에는 모세기념교회가 세워져 있었다. 그리스정교회에서 세운 교회라고 한다. 문이 굳게 잠겨 있어서 아쉬웠지만 이렇게 높은 곳에 교회가 있다는 것만으로도 감탄하지 않을 수 없었다. 아마 지구상에서 가장 높은 곳에 위치한 교회일 것이다.

그런데 바람이 너무 거칠게 불어왔다. 추웠다. 더 이상 견딜 수가 없었다. 거기다가 돌풍이 불기까지 하였다. 아쉬웠지만 하산하기로 했다. 내려오는 길에는 올라갈 때 잘 보이지 않았던 매점과 함께 기념품가게와 간이 유료화장실이 보였다. 누구나 그곳에서 걸음을 멈추어야 했다.

하산(下山)하는 길은 3,750계단 쪽으로 정했다. 바위들이 절경을 이루었다. 나무만 있다면 천하절경(天下絶景)이라고 하겠다. 화강암으로 된 산 전체가 마치 하나의 커다란 조각 작품처럼 보였다. 나무가 없어도 멋지게 느껴졌다. 감탄사가 절로 나오지 않을 수 없었다. 이렇게 웅대(雄大)한 조각 작품을 어디서 볼 수 있겠는가. 하나님의 솜씨는 참으로 오묘한 것이다. 산을 내려오는 길에는 모세가 하나님을 만나러 산에 올라갔을 때 12지파(支派) 족장(族長)들이 모세를 기다리며 기도했던 곳도 볼 수 있었고, 영화 십계를 촬영할 때 출연했던 떨기나무도 볼 수 있어서 좋았다. 시내산을 내려오는 계단 길은 세인트 캐트리나수도원(修道院)으로 이어져 있었다. 새벽에 희미하게 보이던 수도원이 한눈에 들어왔다.

지금 수도원이 있는 자리는 서기 337년 콘스탄틴누스 황제의 어머니 헬레나가 교회를 세웠던 곳이라고 한다. 그 뒤 서기 551년 유스티아누스 황제가 현재의 수도원을 건립하였다. 그로부터 지금까지 베두인의 끊임없는 습격과 이슬람과 나폴레옹의 공격을 받는 가운데도 수도원은 원형(原形)을 그대로 보존되어 왔다. 그리고 수도원 도서관(圖書館)에는 3천 점 이상의 성경 사본(寫本)과 5천권 이상의 희귀 성경을 보관 하고 있다고 한다. 캐트리나수도원은 한마디로 말해서 성서의 보고(寶庫)였다. 세인트 캐트리나수도원이란 이름은 이집트 귀족의 딸 캐트리나가 순교하여 이곳에 묻혀 있기 때문에 붙여진 이름이라고 한다.

　수도원은 요새처럼 높은 담으로 둘러있었다. 담 높이가 15m나 되어서 마치 성벽처럼 보였다. 지난날 위급할 때는 출입구를 막고 밧줄로 연결한 바구니를 타고 사람들이 오르내렸다고 한다. 수도원의 담은 가로 76m, 세로 85m로 된 직사각형이었다. 수도원으로 들어가는 통로는 사람이 겨우 한사람 정도 드나들 수 있는 좁은 문이었다. 수도원 안에는 많은 건물이 있는데 그 중에 교회건물과 종루(鐘樓)가 가장 아름다웠다. 교회 내부에는 수많은 성화(聖畵)와 성물(聖物)로 가득 차 있었다. 수도원 한쪽 뜰에는 떨기나무와 모세 장인 이드로의 우물이 있어서 눈길을 끌었다. 유네스코 세계문화유산으로 지정된 세인트 캐트리나수도원은 보고 싶은 것이 너무 많은데 시간이 없어서 발길을 돌리는 수밖에 없었다.

요르단

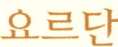

04 협곡 속에 숨겨진 도시 페트라
05 모세가 생을 마친 느보산

04 협곡 속에 숨겨진 도시 페트라

아침에 간신이 눈을 떴다. 어제는 여행 일정이 몹시 피곤했던 모양이다. 자리에서 일어나 창밖을 내다보니 하늘은 잿빛 구름으로 가렸고 아침 공기는 쌀쌀했다. 날씨가 예상을 완전히 빗나가서 실망스러웠다. 그러나 몇 시간 뒤부터는 날씨가 확 달라졌다. 햇볕이 뜨거워진 것이다. 요르단은 이처럼 일교차가 심했다.

페트라(Petra)는 셀라(Sela)라고도 불리는데 바위란 뜻이다. 페트라는 요르단의 수도 암만에서 서남쪽으로 230Km, 사해(死海)에서 동남쪽으로 80km 지점에 있는 고대유적지다. 페트라가 관광지로 유명하게 된 것은 붉은 사암(砂巖)으로 이루어진 거대한 협곡(峽谷) 속에 있기 때문이다.

페트라의 역사는 BC 4세기경부터 시작된다. 아랍계인 나바테아인(Nabataeans)이 이곳에 정착하면서부터 페트라는 홍해(紅海)와 지중해(地中海)를 연결하는 무역 중간 지점으로 떠올랐다. 나바테아인들은 무역상들로부터 통행료를 받아 경제적으로 번영을 누렸다. 당시 국토를 넓혀가던 로마는 서기 106년 페트라를 공략했다. 협곡 속에 있는 페트라는 난공불락(難攻不落)의 요새(要塞)였다. 그러나 로마군은 페트라로 들어가는 물줄기를 막고 페트라로부터 항복을 받았다.

페트라는 로마의 점령 아래에서도 발전을 거듭했다. 나바테아인들은 로마 건축양식과 자기들 고유의 건축양식을 혼합하여 아름다운 석조 건축물로 도시를 만들어 나갔다. 페트라는 서기 3세기 전반까지 자체적인 주화(鑄貨)를 만들고 기독교에 적응하며 번영을 누렸다. 그러다가 페트라는 6세기에 일어난 대지진과 서기 633년 이슬람의 침략으로 말미암아 모두 파괴되고 말았다. 그 뒤 새로운 무역로(貿易路)가 열리면서 페트라는 쇠락하고 말았다. 페트라가 전 세계적으로 주목을 받기 시작한 것은 1812년 스위스 사람 부르크 하르트가 탐험단을 이끌고 아프리카로 가던 중 우연하게 이곳을 발견한 뒤부터이다.

성서적으로는 구약시대 아마지하 왕이 셀라(페트라)에서 에돔족 1만 명을 죽인 곳이다(왕하14:7, 사16:1) 그리고 모세의 형 아론이(출4:14, 7:1, 미6:4) 요르단에서 죽었을 때, 페트라에 있는 자발 하룬이란 곳에 장사를 지냈다(민20:22~28). 신약시대에는 지중해 동편 무역의 중개지로서 나바테아왕 아레타스가 페트라를 수도로 정하고 다스렸으며(고후11:32) 동방박사들이 아기 예수를 경배하기 위하여 황금, 몰약, 유향을 가지고 통과했던 길로 전하여 오고 있다.

우리 일행은 매표소에서 표를 받아 든 다음 승마장(乘馬場)으로 갔다. 거기서 말을 타고 협곡의 입구까지 걸어갔다. 입구는 넓은 광장(廣場)이었다. 광장 전면에는 붉은 사암으로 된 바위산이 기이한 형태를 하고 있었다. 그 아래에는 동굴처럼 보이는 굴이 세 개나 있고 비석처럼 깎아 놓은 암석도 여러 개 보였다. 그것은 나바테아인들의 무덤이라고 한다. 아무래도 페트라 관광은 무덤 여행이 될 것 같은

엘 카즈네신전

예감이 들었다.

페트라 협곡으로 들어가는 길은 넓지 않았다. 작은 마차 두 대가 간신히 비켜 갈 정도였다. 길바닥은 돌로 잘 포장이 되어 있었다. 로마시대에 만든 것이라고 한다. 길 양편으로는 백 미터가 넘는 암석들이 기립(起立)하여 있어서 어떤 곳은 햇볕도 들어오지 않는 곳이 있었다. 그야말로 바위가 연출한 협곡은 장관을 이루고 있었다. 그리고 바위 아래로는 당시 물을 끌어들였던 수로(水路)가 아직도 옛 모습을 보여주고 있었다. 협곡 내에는 가끔 바위에 이름 모를 잡초가 자라고 있는 모습도 보였으나 흔치 않는 광경이었다. 무엇보다 기분 좋은 것은 신선한 공기와 함께 바위 그늘이 선물하는 상쾌한 그늘이었다.

우리 일행은 서서히 걸어서 안쪽으로 들어갔다. 관광객들 가운데는 마차를 타고 협곡을 지나가는 사람도 있었고, 또 더러는 말이나 낙타를 타고 지나가는 사람도 보였다. 그들이 한층 멋있게 보이기도 하였지만 그런 관광은 문자 그대로 주마간산(走馬看山)격이 되고 말 것 같았다. 나는 길 양쪽으로 양립한 기기묘묘(奇奇妙妙)한 바위를 바라보며 가노라니까 목이 뻣뻣해지기 시작했다. 피곤함도 느껴졌다. 그러나 마차를 타고 가는 사람들이 부럽지는 않았다.

페트라 입구에서 약 30분 쯤 걸어가자 갑자기 시야(視野)가 확 열리면서 넓은 광장과 함께 아름다운 석조물(石造物)이 보였다. 한눈에 보아도 대단하게 느껴졌다. 유네스코가 세계문화유산(世界文化遺産)으로 지정한 '엘 카즈네(El khazneh)신전(神殿)'이었다. 이 신전은 영화 '최후의 성전'에서 인디아나 존스가 말을 타고 탈출하는 장면에 등장하는 석조물이다. 카즈네 신전은 거대한 암벽(岩壁)의 한 면을 높이 40m, 폭 28m를 파고 들어가 만들었는데 2층으로 되어 있었다. 아래층은 고린도식 돌기둥 6개가 건물의 품격(品格)을 높여주고 있었다. 기둥 뒤로는 바위를 파고 들어가 방을 만들어 놓았다. 2층은 창문과 발코니를 바르크양식으로 조각되어 있었다. 한마디로 말해서 카즈네신전 전체가 바위 하나로 만들어진 하나의 조각 작품이었다. 나는 신전이 너무나 아름답고 특이해서 한참동안 발길을 옮기지 못하고 서 있었다.

카즈네신전에서 길을 따라 조금 내려가니 원형극장(圓形劇場)이 나왔다. 로마인들이 서기 1세기경에 만든 것인데 계단이 33개로 되어 있었다. 다른 곳처럼 돌을 쌓아 좌석을 만든 것이 아니라 바위를 쪼아내고 돌을 파내서 좌석을 만든 것이었다. 원형극장 전체가 하나의 바위로 만들어진 것이다. 로마인들이 살던 곳이면 어디서나 볼 수 있는 것이지만 페트라의 것은 독특해서 더욱 시선(視線)이 끌렸다. 극장 좌석이 3천석 규모인 것을 생각하면 당시 이곳의 도시 규모를 생각할 수 있었다. 극장 뒤에는 굴혈식(掘穴式)으로 된 무덤이 벌집처럼 뚫려 있었다. 그리고 원형극장 건너편에도 대형 무덤이 17기나 있었다. 규모로 보아 귀족(貴族)들의 무덤인 것 같았다. 그 중에 14기는 내부가 상석식(床石式)으로 되어 있었고 3기는 방만 있었다. 상석식은 백제시대 왕릉(王陵)에서 볼 수 있는 것이어서 눈길을 끌었다.

원형극장(圓形劇場)에서 더 가면 왕가의 묘, 수도원, 암굴미술관 등이 있다고 하는데 그곳까지 가지는 못하였다. 다만 주위에 있는 바위산 어디를 바라보아도 벌집 같은 무덤들뿐이었다. 세월과 함께 사람들은 지나가고 무덤만 남아 있었다.

05 모세가 생을 마친 느보산

 요르단의 수도 암만에서 하룻밤을 보내고 이른 아침에 버스에 올랐다. 암만을 구경하지 못하고 떠나는 것이 못내 아쉬웠지만 어쩔 수 없었다. 우리의 여행 일정이 이스라엘 민족의 출애굽(出埃及) 여정(旅程)에 따른 성지순례(聖地巡禮)이기 때문에 일정을 빗겨 갈 수는 없었다. 달리는 버스 창문으로 암만의 도시 풍경이 들어왔다. 도로 주변에는 고대 유적(遺蹟)들이 무너진 채 방치되어 있는 모습이 보이기도 하고, 이따금 요르단의 왕과 왕세자의 초상화(肖像畵) 광고판이 보이기도 하였다. 독재국가에서 흔히 볼 수 있는 풍경이었다. 어쩐지 을씨년스런 분위기가 느껴졌다.

 우리를 태운 버스는 암만에서 모세의 우물을 보여 준 다음, 도로를 비집고 나가 교외를 달리기 시작했다. 버스가 한 시간 쯤 달린 끝에 메다바(Madaba)에 도착하였다. 메다바는 암만에서 남쪽으로 32km 정도 떨어져 있었다. 구약성경에서는 이스라엘 민족이 출애굽 이후 가나안으로 향하다가 정복한 도시였다. 그 후 다윗 왕이 정복하였던 곳이기도 하다. 그리고 BC 9세기 후반에 모압 왕 메사가 이곳을 다시 찾아 디본에 승전비(勝戰碑)를 세우기도 한 곳이다. 서기 106년 메다바는 아라비아의 땅으로 편입되면서 기독교 문화가 급속히 확

산되어 갔으나 기독교를 박해(迫害)하는 로마가 점령하면서부터 기독교인들이 수없이 순교(殉敎)를 당한 곳이기도 하다. 서기 614년에는 메다바가 페르시아의 침략을 받아 모두 파괴되었고, 8세기 중엽에는 이 지역을 강타한 지진(地震)으로 인하여 폐허(廢墟)가 되기도 했던 곳이다.

우리 일행이 버스 주차장에서 조금 걸어서 올라가자 건물 사이로 작은 십자가(十字家)가 보였다. 이슬람국가에서 보는 십자가는 먼 이국땅에서 만나는 고향 친구보다도 더 반가웠다. 우리들은 재빨리 교회로 달려갔다. 교회 이름은 성 조지교회였다.

메다바는 3500년의 긴 역사를 간직하고 있는 곳이다. 비잔틴시대(330~1453) 메다바는 요단강 동편 지역에서 기독교가 가장 번성한 도시가 되었고, 이 때 메다바는 모자이크 예술의 중심 도시가 되었다. 그 당시 이곳은 명성이 높았던 모자이크 화가(畵家)들이 모여 들면서 모자이크 도시로 비잔틴시대에 널리 알려지게 되었다. 그리하여 메다바에는 많은 교회들이 세워졌고, 교회의 바닥에는 모자이크 화가들이 심혈을 기울여 만든 그림들이 남겨졌다. 그들의 작품 가운데 최고의 걸작품(傑作品)은 성 조지교회 안에 있는 '메다바 모자이크 지도(地圖)'였다.

성 조지교회는 그리스 정교회가 19세기 말에 이 모자이크 지도 위에 세운 교회였다. 원래 이 지도는 가로 5.6m, 세로 15.7m로 약 30평의 땅바닥에 만들어진 것이다. 그러나 그간 3분의2 가량은 훼손(毁損)되고 지금은 10평정도 분량만 남아 있었다. 그래도 다행스러운 것은 예루살렘 지역의 지도가 동편 끝의 약간을 제외하고는 훼손되지 않아서 비잔틴시대의 예루살렘을 살펴 볼 수 있어서 좋았다. 이 지도에는 150여 군데의 성지(聖地)가 기록되어 있는데 1881년 그리

느보산에 세워진 구리뱀 십자가

스 신부(神父)가 비행기를 타고 가다가 발견하였다. 그리하여 지진으로 파손된 교회를 다시 재건한 것이다.

　모자이크 지도는 비잔틴시대의 지도 가운데 가장 오래된 지도라고 한다. 이 모자이크 지도에는 북쪽으로 레바논의 시돈과 두로, 남쪽으로는 이집트의 북부 델타 지역까지 그려져 있었다. 그리고 지도상에는 많은 고대 유적지들과 교회 등이 나타나 있었다.

　이 지도는 여러 가지의 색깔로 만들어진데다가 지도 위에는 동식물들이 그려져 있고 그리스 문자까지 씌어 있기 때문에 설명을 듣지 않고는 알 수가 없었다. 이 지도는 유스틴 황제(527~555)때 유세비우스 황제가 만든 것이라고 한다. 이 지도를 만드는 데는 자갈을 70cm, 흙을 30cm 깔고 그 위에 석회로 반죽을 하여 반죽이 마르기 전에 밑그림을 그린 다음, 230만 개의 돌조각을 붙여서 만들었다고 한다. 한 사람이 한 시간에 200~300개의 돌을 붙일 수 있다고 가정할 때 제작 기간은 무려 2~3년이 걸렸을 것으로 본다. 한 가지 아쉬운 것은 레오 교황의 명령에 의하여 사람이나 생명체는 모두 지워진 것이다. 요단강에서 사해(死海)로 들어가는 강물에는 물고기들이 몇 마리 그려져 있었는데 맨 아래에 있는 물고기는 머리를 역방향으로 향하고 있었다. 멋모르고 물길을 따라 내려가다가 그곳이 사해인 줄 알고는 다시 방향을 바꾸어 돌아가려는 몸부림을 표현한 것이었다. 재밌었다.

　성 조지교회 순례를 마치고 모세가 죽은 느보산(Nebo Mountain)으로 향했다. 느보산은 메다바로부터 동북쪽으로 약 10km 지점에 위치하고 있었다. 버스가 주차장에 도착하자마자 기념품을 파는 행상(行商)들이 몰려왔다. 여행을 할 때는 그들이 귀찮기도 하지만 때로는 그들이 있어서 여행이 더 즐겁기도 하였다. 그러나 나는 행상들을 따돌리고 모세기념교회를 향하여 곧장 잰걸음질을 하였다.

느보산은 모세가 일생을 종결하는 출애굽의 마지막 기착지(寄着地)이다. 모세는 40년 동안 광야생활(廣野生活)을 청산하고 하나님께서 약속하셨던 가나안 땅으로 들어가기 직전에 이곳에서 숨을 거두게 되었다. 모세는 이곳에서 멀리 보이는 가나안 땅을 바라보며 숨을 거둘 때 얼마나 안타까워했을까.

구약성경에서는 모세가 느보산에서 가나안 복지를 바라보기만 하고 들어가지 못한 이유를 두 가지로 기록하고 있다. 그 하나는 이스라엘 백성이 시나이 반도에서 하나님에게 반역(反逆)한 죄 때문이고, 또 다른 하나는 모세가 신광야 카데스에서 하느님의 명령을 어긴 죄 때문이라고 한다. 하나님은 이스라엘 백성들이 물을 다라는 원성을 듣고 모세에게 백성을 불러 모은 다음 지팡이로 바위를 향하여 물이 나오라고 말하라 하였는데, 모세는 하나님의 말씀을 따르지 않고 지팡이로 바위를 두 번 친 것이다. 이러한 불충(不忠) 때문에 모세는 하나님 말씀대로 가나안땅에 들어가지 못하고 느보산에서 일생을 마친 것이다. 이런 결과는 모세가 하나님의 영광을 가로챘기 때문이라고 하겠다.

현재 느보산 정상에는 모세의 무덤 위에 처음 세워졌던 교회가 복원(復元)되어 있다. 그리고 1932년에 세워진 프란치스코수도원(修道院)이 자리 잡고 있다. 모세기념교회 마당으로 들어가자 제일 먼저 눈에 띄는 것은 모세기념비와 함께 연자 맷돌처럼 생긴 커다란 돌이었다. 연자맷돌처럼 생긴 돌은 무덤의 입구를 가로 막았던 돌이라고 한다.

교회를 옆으로 끼고 앞으로 더 나가니 전망대가 보이고, 구리뱀을 형상화(形象化)한 조형물이 눈길을 끌었다. 조형물은 이탈리아 조각가 지오바니 판토니의 작품이라고 하는데 모세가 시나이 광야에서 뱀에 물린 사람들을 살려내기 위해 만들었다는 구리뱀과 인류구원(人類救援)을 상징하는 예수 그리스도의 십자가(十字架)를 접목시킨 작품이었다. 나는 구리뱀을 바라보면서 가슴이 뭉클해짐을 느꼈다. 잠시 뒤 전망대(展望臺)에서 전방을 바라보니 멀리 희미하게 여리고가 보였다. 지우개로 문지르면 금방 지워질 것 같았다. 날씨가 좋은 날이면 저 멀리 사해(死海)와 함께 예루살렘에 있는 감람산까지 보인다고 한다.

 지금으로부터 3,200여 년 전, 모세도 이곳에 서서 여리고를 바라보았을 것이다. 그때 모세의 심정은 어떠했을까.

이스라엘

06 사해, 그리고 쿰란
07 아, 예루살렘아!
08 아기 예수가 탄생한 베들레헴
09 예수가 살았던 나사렛
10 예수의 활동무대였던 갈릴리
11 베드로수위권교회와 가버나움
12 전쟁터 므깃도와 갈멜산
13 겟세마네동산
14 시온산과 마가의 다락방
15 골고다로 가는 길
16 예수가 십자가에 못 박혔던 골고다언덕
17 예수가 승천한 감람산
18 비극의 요새 마사다
19 모리아산과 통곡의 벽

06 사해, 그리고 쿰란

　느보산(Mount Nebo) 답사를 마치고 이스라엘 출입국 관리사무소가 있는 알랜비로 갔다. 알랜비에는 이스라엘로 들어가려는 요르단 사람들로 북새통을 이루고 있었다. 사람들과 버스와 트럭들이 멀리까지 줄을 지어 있었다. 한국인들은 아랍인들처럼 줄을 서서 기다리지 않고 바로 국경선(國境線)을 넘어 이스라엘로 들어갔다.
　우리들은 마중 나온 버스를 타고 사해(死海)로 향하였다. 곧 들판이 나오고 멀리 여리고가 보였다. 여호수아가 이스라엘 백성을 이끌고 가나안 복지로 들어가고자 할 때 그들의 앞을 가로 막았던 그 여리고성이었다.
　사해는 그로부터 얼마 되지 않는 거리에 있었다. 아브라함과 롯이 갈라설 때 롯이 택했던 죄악의 도시 소돔을 하나님이 불로 심판하여 함몰(陷沒)시켰다는 곳이다. 그 때 하나님은 롯의 가정만 소돔에서 탈출하게 하였는데 뒤를 돌아보지 말라는 하나님의 말씀을 어기고 롯의 아내가 뒤돌아보았다가 소금기둥이 되어서 언덕 위에 서 있었다. 어렸을 때 교회에서 들었던 소돔과 고모라의 이야기가 머릿속에서 새롭게 새김질을 시작하였다.
　우리가 도착 곳은 사해의 북단이었다. 여행객을 위한 편의시설로 건물 몇 채가 있는 것이 전부였다. 사람들도 많지 않았다. 우리는 먼저 도시락부터 먹은 다음 수영복으로 옷을 갈아 입고 바닷가로 나갔다. 바닷가에는 서양인들 몇 사람이 수영을 하고 있을 뿐이었다.

나는 사해가 육지 가운데 있는 바다라는 관념 때문에 커다란 호수를 연상했었다. 그런데 막상 사해에 와서 보니 끝이 보이지 않았다. 뒤에 알고 보니 남북의 길이가 75km나 되고. 동서의 폭이 17km, 수심은 380m나 되었다.

구약성경에 의하면 이곳을 소금 성분이 많다고 해서 염해(鹽海)라고도 하고, 생물이 전혀 살지 못하기 때문에 죽은 바다, 즉 사해(死海)라고도 하였다. 사해의 물은 지구상에서 가장 짠물이다. 보통 바다의 염도가 5~7%인데 비하여 사해는 염도가 26%나 된다. 그래서 사람이 사해로 들어가면 물 위로 떠오르는 것이다. 특히 사해에는 염화마그네슘, 나트륨, 칼슘, 포타슘, 브로마이드 등과 같은 광물질(鑛物質)이 풍부하게 함유(含有)되어 있어서 이를 이용하여 만든 화장품들이 각광을 받고 있었다.

우리 일행 가운데는 어느새 사해에 들어가서 수영을 하는 이도 있었고, 어떤 이는 몸에 진흙을 잔뜩 발라서 흑인(黑人) 모양을 하고 있는 이도 있었다. 나도 뒤늦게 바다로 뛰어 들어가 몸이 뜨는 것을 체험하려고 하였다. 그런데 몸이 물위로 뜨기는 뜨는데 다른 사람들처럼 배영(背泳)하는 자세로 뜨지는 않았다. 자세가 잘못 된 탓인지 몸이 자꾸만 뒤집혀서 짠물만 마시었다. 나는 몇 번 시도하다가 그만 포기하고, 그 옛날 클레오파트라가 미용을 위하여 몸에 발랐다는 진흙을 몸에 발라보는 것으로 만족해야 했다.

사해의 짠물을 마시고 성경의 보고(寶庫)라고 하는 쿰란(Qumran)으로 갔다. 쿰란은 사해에서 아주 가까운 거리에 있었다. 쿰란은 2천

사해 풍경

성경이 발견된 동굴

년 전에 양피(羊皮)가죽에 쓴 성경이 1947년 한 소년에 의하여 무더기로 발견된 곳이다. 우리는 성경이 발견된 현장으로 달려가기 전에 발견 당시 과정을 기록한 영화부터 감상하기로 하였다. 이른바 사해사본(寫本)이라고 하는 성경이 양치기 소년에 의하여 쿰란에서 발견된 과정을 보여주는 영화였다.

1947년 5월 어느 날, 베두인(Bedouin)족 모하마드 에디브라고 하는 소년이 잃어버린 한 마리의 양을 찾고 있었다. 그 소년은 절벽에 있는 동굴(洞窟)을 발견하고 그 속에 돌멩이를 던져 보았다. 동굴 속에서는 항아리가 깨지는 소리가 들렸다. 소년은 이튿날 사촌과 함께 동굴 속으로 들어갔다. 동굴은 길이가 8.5m, 높이가 3m나 되었다. 동굴 속에는 깨진 질그릇 뒤에는 8개의 항아리가 더 놓여 있었다. 소년은 혹시 금이 들어 있는가 하고 항아리 속에 손을 넣어 보았다.

소년이 손에 잡히는 것을 꺼내었다. 그것은 양피지로 된 두루마리 성경이었다. 모두 7개나 되었다. 소년은 칸도라고 하는 골동품상으로 달려가서 두루마리 4개를 팔았다. 칸도는 그것을 다시 예루살렘에 있는 시리아정교회 대주교(大主敎)에게 팔아 넘겼다. 그는 두루마리가 매우 귀중한 성서(聖書)자료라는 것을 알고 미국에 있는 이스라엘 성서학자 야딘 교수에게 25만 달러를 받고 팔았다. 그것은 야딘 교수의 아버지인 수케닉 교수가 2년 전에 베들레헴에서 두루마리 3개를 사들인 뒤였다.

이 사본은 2100여 년 전 쿰란에 있는 에세네파 수도자(修道者)들이 남긴 성경 진본(眞本)이었다. 이때까지 가장 오래된 성경 사본은 서기 1008년에 기록된 레닌그라드 사본(Leningrad Codex)이었다. 그런데 쿰란 사본은 이보다 1100여 년이나 앞선 BC 100년경에 기록된 것이었다. 쿰란 사본은 에스더서를 제외한 구약성경의 모든 성경이 기록되어 있었다. 현재 쿰란 사본은 예루살렘에 있는 사해사본박물관 '책의 전당'에 소장되어 있다.

영화 감상을 마치고 전시실로 들어가서 양피지(羊皮紙)에 씌어 진 구약성경 사본을 구경하였다. 그리고 쿰란공동체에서 사용하던 여러 가지 도구들도 볼 수 있었다. 무엇보다도 감사한 것은 종이가 발명되기 전 양가죽에 썼던 성경을 눈으로 직접 볼 수 있다는 사실이었다. 비록 글자는 알아 볼 수 없었지만 양가죽에 씌어 진 글자 한 자 한 자가 그처럼 소중하게 보일 수가 없었다.

전시실 관람을 마치고 밖으로 나오니 붉은 바위산이 앞을 가로막고 있었다. 나무 한 그루 보이지 않는 황량한 산이었다. 우리가 서 있는 언덕 아래로는 깊은 골짜기가 보이고 그 건너편 절벽 위에 쿰란 사본이 발견된 동굴이 보였다. 그곳으로 건너 갈 수는 없었지만 조금 전에 보았던 영상자료를 통해서 현장을 충분히 상상할 수 있었다.

에세네파 수도원(修道院)은 성벽(城壁)으로 둘러싸여 있었다. 그리고 두 겹으로 되어 있는 성벽 안에는 저수지와 급수시설 뿐 아니라 공동묘지도 있다고 한다. 그리고 공동체 구성원들이 공동으로 식사를 할 수 있는 식당과 주방은 물론, 성경을 베끼는 필사실(筆寫室)과 정결의식(淨潔儀式)을 행하는 곳도 있었다고 한다. 지금은 성경을 발굴한 터만 남아 있지만 당시의 생활상을 엿보기에 충분하였다. 예수시대에 존재했던 이스라엘의 종교적인 사색당파(사두개파, 바리새파, 열심당, 에세네파)중에서 가장 위대한 유산을 남긴 에세네파를 다시 한 번 생각하게 하였다.

07 아, 예루살렘아!

아, 예루살렘! 얼마나 기다렸던가. 그처럼 오랫동안 기다려왔던 예루살렘(Jerusalem)땅을 이제야 밟게 되었다. 나는 가슴이 설레는 것을 어찌할 수가 없었다. 예루살렘은 이름 그대로 평화로웠다. 뉴스로 듣던 것과는 아주 달랐다. 도심(都心)은 인파가 물결을 이루고, 사람들의 발걸음에는 활기가 넘치었다. 도로에는 관광객을 실은 버스가 줄을 이어 달리고, 길가에는 수염을 기르고 특이한 복장을 한 종교인들이 활보를 하고 있었다. 어디를 보나 평화로운 광경이었다. 솔로몬시대가 머리를 스치고 지나갔다.

그러나 이런 생각은 잠시뿐이었다. 저녁 식사를 마친 뒤에 호텔 근처에 있는 백화점(百貨店)에 들어가려다가 놀라지 않을 수 없었다. 백화점으로 들어가기 위해서는 호주머니에 있는 물건을 다 꺼내어 보여야 했고, 마침내는 금속탐지기(金屬探知機)를 설치해 놓은 문을 통과해야만 했다. 비행기를 타기 위하여 공항을 통과하는 과정과 똑같은 것이었다. 잔잔하던 내 마음속에 긴장감이 돌기 시작하였다. 거기다가 면도칼처럼 날카로운 상인들의 시선을 바라보는 순간 섬직한 생각마저 들기도 하였다. 갑자기 몸속에 있는 혈관(血管)이 경직되고 있는 것을 느꼈다.

예루살렘 도성

예루살렘은 본래 '평화의 땅'이란 의미를 가지고 있다. 그러나 예루살렘은 이름과는 달리 피로 물든 도시였다. 지금까지 예루살렘은 이방인(異邦人)들에 의하여 50여 차례나 포위 당하였고, 36번이나 주인이 바뀌었으며, 10번이 넘게 도시가 파괴되었다. 그야말로 비참한 역사를 간직한 도시였다. 지금도 이스라엘은 팔레스타인을 비롯한 주변 국가들과의 관계로 인하여 긴장을 풀지 못하고 있었다.

예루살렘은 해발 790m나 되는 산 위에 만들어진 성곽도시(城郭都市)다. 지리적으로는 지중해(地中海)에서 동쪽으로 55km, 사해(死海) 북쪽 끝단에서 서쪽으로 25km, 그리고 예수가 태어난 베들레헴으로부터는 동북쪽으로 8km 지점에 위치하고 있었다.

예루살렘은 고대(古代)로부터 이집트, 시리아, 메소포타미아를 이어주는 길목이며, 유대교, 기독교, 이슬람교의 근원지(根源地)가 되기도 하고, 동양과 서양을 구분하는 지구의 중심이 되는 곳이다. 그리하여 예루살렘은 군사적으로나 종교적으로 요충지(要衝地)이기 때문에 항상 전운(戰雲)이 감돌고 있는 곳이다.

예루살렘은 유대인들에게는 신앙의 중심지이며 성서(聖書) 속에 가장 거룩한 땅이다. 기독교인들에게는 예수가 복음(福音)을 전하다가 십자가(十字架)의 고난을 당하고 부활승천(復活昇天)하였기 때문에 거룩한 땅으로 여기고 있다. 그리고 이슬람교 신자들에게는 선지자 마호멧이 이곳에서 승천(昇天)하였다고 여기는 곳이기 때문에 그들의 성지로 여기는 땅이다. 이처럼 예루살렘은 삼대 종교의 근원지로 지금도 함께 공존하며 첨예하게 대립하고 있는 땅이다.

역사적으로 보면 BC 1004년 경, 그러니까 지금으로부터 약 3천 년 전 다윗이 이곳에 살고 있는 여부스족을 몰아내고 예루살렘을 이스라엘의 수도(首都)로 정하였다. 그 뒤 다윗왕의 아들 솔로몬이 예루살렘에 성전(聖殿)을 건립한 뒤로부터 예루살렘은 정치적으로나 종교적으로나 이스라엘 사람들의 중심지가 되었다. 그로부터 이스라엘 민족은 이곳에서 438년간 정치적인 영화(榮華)를 누리었다.

그러나 그 뒤로 이스라엘은 외적의 침입으로 인하여 피로 얼룩진 질곡의 역사를 써나가면서 노예생활을 반복하였다. BC 721년 앗시리아인들이 당시 북이스라엘을 멸망시켰고, BC 587년에는 바벨론왕 느부갓네살이 침략하여 예루살렘은 완전히 파괴하고 백성들은 포로로 붙들어 갔다. 이스라엘 백성들은 바벨론에서 70여 년 간 포로생활을 하다가, BC 539년 페르시아가 바벨론을 점령한 뒤에야 그들은 겨우 예루살렘으로 돌아오게 되었다.

BC 334년부터는 그리스 알렉산더대왕의 통치를 받았고, 알렉산더가 죽은 뒤에는 이집트의 통치를 받았다, 그리고 BC 198년부터 시리아의 통치를 받다가, BC 63년부터는 로마의 통치를 받기 시작하였다. 그리고 예루살렘 인접지역에 BC 55년부터 서기 93년까지 헤롯왕조가 존재하였으나 로마의 분봉왕(分封王)에 지나지 않았다.

서기 66년 유대인들이 로마에 항거하다가, 서기 70년 로마황제 디도에 의하여 예루살렘은 돌 하나 남기지 않고 모두 파괴되었다. 이로 인하여 예루살렘은 예수의 예언대로 완전히 초토화(焦土化)되고 말았다. 이로부터 이스라엘 백성들은 전 세계로 흩어져 유랑생활(流浪生活)을 시작하였고, 예루살렘에 입성(入城)하고 싶은 사람은 목숨을 내놓지 않고는 들어갈 수가 없었다.

로마황제 콘스탄티누스가 서기 313년 기독교를 공인한 뒤, 그는 서기 325년 예루살렘을 기독교 성지로 조성하였다. 그러나 서기 614년 페르시아가 예루살렘을 점령한 뒤 모든 교회를 파괴하고 대신 이슬람교사원을 건축하기 시작하였다. 그 뒤 서기 636년 아랍이 예루살렘을 점령하여 500여 년 간을 통치하였다.

　서기 1099년 십자군이 예루살렘을 탈환하여 기독교가 다시 꽃을 피웠으나, 서기 1187년부터 이집트의 통치를 받다가 서기 1400년 몽고군(蒙古軍)의 침략을 받기도 하였다. 서기 1517년부터 서기 1917년까지 4백여 년 동안 터키의 통치를 받았다. 그리고 1917년부터는 영국군의 통치를 받다가 서기 1948년 5월 14일 이스라엘은 독립국가가 되었다. 이 뒤로 이스라엘은 팔레스타인과의 문제로 서기 1956년, 1967년, 1973년 세 차례나 주변 국가들과 전쟁을 하였고 지금도 분쟁으로 인하여 긴장을 풀지 못하고 있다.

　이스라엘 민족은 이처럼 파란만장(波瀾萬丈)한 역사를 가지고 있다. 이스라엘 백성들이 역사상 자치정부를 가지고 있던 시절은 BC 1025년 사울이 유대왕국을 건국한 뒤로부터 남유대왕국이 멸망한 BC 587년까지 438년 밖에 되지 않는다. 지구상에서 이러한 역사를 가진 민족은 이스라엘 외에 다른 나라는 하나도 존재하지 않는다. 이스라엘 민족이 이런 상황에도 민족의 정체성을 잃지 않고 2천년이 넘게 살아왔다는 사실은 정말 위대한 사건이다.

　이러한 이스라엘 역사를 생각하면서 예루살렘성 성벽(城壁) 앞에 도착했다. 사암(砂巖)으로 축성한 성벽(城壁)은 높이가 12m나 되었다. 한국의 성벽과는 비교가 되지 않게 높았다. 위압감(威壓感)이 절로 느껴졌다. 성벽의 둘레는 3,4km이고 성벽에는 34개의 성루(城樓)와 8개의 성문(城門)이 있었다. 예루살렘 성벽은 다윗시대부터 여러 시대에 거쳐 축성하여 왔다고 한다. 현재의 성벽은 서기 1542년 터어키의 술레이만이 재건한 것이라고 하는데 수많은 전쟁을 거쳐 오는 가운데도 견고한 모습을 지니고 있었다.

　특히 눈길을 끄는 것은 황금의 문과 시온문이었다. 황금의 문은

1530년 터키군이 봉쇄하였는데 유대인들은 메시아가 오는 날 열린 다고 믿고 있다. 시온문은 문 주위가 온통 총탄 자국으로 곰보가 되어 있었다. 서기 1948년 독립전쟁 당시 성안에 있는 유대인들에게 아랍인들이 공격할 때 쏘았던 총탄 자국이라고 한다. 이스라엘정부는 지금까지도 이 총탄 자국을 지우지 않고 역사의 교훈으로 삼고 있었다.

예루살렘은 구 예루살렘과 신 예루살렘으로 구분되어 있었다. 구 예루살렘은 이스라엘 유적이 밀집하여 박물관도시처럼 느껴졌고, 신 예루살렘은 현대도시로 생동감이 넘치었다. 오늘날의 예루살렘은 2천 년 전 역사의 숨결과 현대문명의 맥박이 함께 꿈틀거리고 있었다.

08 아기 예수가 탄생한 베들레헴

베들레헴(Bethlehem)은 예루살렘에서 남쪽으로 8km쯤 되는 지점에 위치하고 있었다. 우리를 태운 버스는 황량한 풍경을 보여주며 30여 분간 달린 끝에 베들레헴에 도착했다.

베들레헴은 해발 775m나 되는 고지(高地) 위에 있었다. 도시 아래로 예루살렘에서 이집트로 가는 국도가 내려다보이는 언덕 위에 있는 성읍(城邑)이다. 일찍이 다윗의 아버지 이새와 그의 조상들이 살던 땅으로 다윗의 고향이기도 하다. 베들레헴은 구약시대(舊約時代)에 선지자(先知者)들이 메시아의 탄생지(誕生地)로 예언하였던 곳이다. 그리고 야곱의 사랑하는 아내 라헬의 무덤이 가까이 있는 곳으로 널리 알려지고 있는 곳이다.

베들레헴이란 말은 이스라엘말로 집을 뜻하는 '베이트'와 빵을 의미하는 '레헴'의 합성어(合成語)로 빵집을 뜻하는 말이다. 우리들의 풍습으로 말하면 떡집이라고 할 수 있다. 예수는 떡집이란 의미를 가진 마을에서 태어나 훗날 그는 자신을 가리켜 나는 진리요 떡이라고 말한 것을 생각하면 재밌다.

베들레헴 거리에는 장벽과 검문소와 총을 든 군인들이 보였다. 삼엄하다기 보다 뭔가 살벌한 분위기를 연출하고 있었다. 평화의 왕으로 오신 예수 그리스도의 탄생지 베들레헴이 아이러니하게도 전운(戰雲)이 감돌고 이었다.

지금부터 2천 년 전 가이사 아구스도는 칙령(勅令)을 내려 모든 백성은 호적(戶籍)을 등록하라고 하였다. 그래서 사람들은 각기 자기의 호적을 등록하기 위하여 저마다 자기 조상(祖上)의 고향으로 달려갔다. 목공(木工) 요셉도 자기가 사는 갈릴리지방 나사렛 마을을 떠나 조상의 고향인 유다 고을 베들레헴으로 호적을 등록하러 갔다.

베들레헴은 다윗 왕이 태어난 고향이다. 요셉은 다윗의 후손이었다. 요셉은 자기와 약혼한 마리아와 함께 베들레헴으로 갔다. 그 때 마리아는 임신 중이었다. 그런데 그들은 머무를 방이 없었다. 여관마다 손님들로 만원을 이루고 있었다.

요셉과 마리아는 할 수 없이 여관에서 마구간으로 사용하는 동굴(洞窟)에서 자기로 했다. 베들레헴은 산악지대이기 때문에 많은 동굴이 있었는데 그 동굴은 대개 소나 말이나 양을 기르는 마구간으로 사용했다. 마리아는 동굴 마구간에서 자다가 한밤중에 아기를 낳았다. 그들은 아기를 뉠 자리가 없었다. 마리아는 하는 수 없이 아기를 포대기에 싸서 말구유에 뉘었다. 그 아기가 바로 이 세상을 구원(救援)하려고 탄생(誕生)한 하나님의 아들 예수 그리스도였다. 예수 그리스도는 가장 귀한 신분이지만 가장 낮고 천한 곳에서 태어났다. 그 결과 훗날 예수탄생교회는 예수가 탄생한 그 동굴 위에 기념비처럼 세워진 교회였다.

예수탄생교회(The Church of the Nativity)는 우람한 석벽(石壁)으로 둘러싸여 있었지만 오랜 세월을 견뎌온 탓인지 낡을 대로 낡은 모습을 하고 있었다. 세계에서 가장 오래된 교회 중 하나라고 하니 그럴 만도 하였다. 그런데 예수탄생교회 역사를 보면 예수만큼이나 수

베들레헴 성탄기념 교회

아기 예수가 탄생한 장소

난을 많이 겪은 교회였다.

　서기 135년에 로마 황제 하드리아누스가 기독교 말살정책의 일환으로 이 장소에 아도니스 신전(神殿)을 세웠으나, 서기 326년 콘스탄티누스 황제가 기독교를 공인(公認)한 후 그의 어머니 헬레나가 이곳을 방문하여 아도니스 신전을 허물고 예수탄생교회를 건축하였다.

　예수탄생교회는 예루살렘 대주교(大主敎)의 관리 아래 서기 333년에 완성되었으나 그 후 화재(火災)로 인하여 교회는 크게 훼손(毁損)되었다. 오늘날의 교회는 서기 531년 유스티니아누스 황제가 완공한 것이다. 그 뒤 서기 614년 페르시아군이 베들레헴을 점령했을 때 모든 교회는 불타고 파괴되었으나, 예수탄생교회는 화(禍)를 면하였다. 그것은 교회 벽화(壁畵)속에 그려진 동방박사(東方博士)들의 옷이 옛날 페르시아 사람들이 입던 옷과 똑 같았기 때문이었다고 한다.

　예수탄생교회는 십자가(十字架) 모양으로 건축하였는데 규모는 길이 52m, 넓이 24m나 되었다. 구유의 광장을 통과한 후 교회 안으로 들어가는 문이 있었다. 그런데 출입문은 높이가 1.2m, 폭은 80Cm밖에 되지 않았다. 옛날, 권력자들이나 장군들은 말을 타고 교회 안으로 들어오는 사람들이 많아서 이를 막기 위해서 그렇게 만들었다고 한다. 그리하여 누구든지 교회 안으로 들어가려는 사람은 머리를 숙일 수밖에 없다. 그 결과 문의 이름도 '겸손의 문' 또는 '좁은 문'이라고 부른다고 한다.

　교회 안으로 들어가면 다섯 개의 복도와 네 줄의 기둥이 있다. 나무 바닥 아래에는 비잔틴 시대에 만들어진 모자이크가 일부 남아 있어서 관심을 끌었다. 제단(祭壇) 양쪽 아래에 있는 계단을 따라 지하로 내려가면 기독교 각 종파(宗派)가 소유하고 있는 11개의 은제(銀製) 램프와 예수가 탄생한 장소를 표시하는 베들레헴의 별이라는 은색의 별이 있었다. 별 옆에는 별빛이 뻗어나간 열네 개의 꼭지 점이 있는데 이것은 예수 족보(族譜)에 나타나는 14대란 숫자를 상징하는 것이라고 한다. 별의 둘레에는 라틴어로 '동정녀 마리아를 통하여 이곳에서 예수 그리스도가 탄생했다'라는 문구가 새겨져 있었다. 아, 이곳이 예수가 탄생한 역사적인 장소이며 크리스마스의 무대가 되는 곳이 아닌가.

순례자(巡禮者)들은 베들레헴의 별 앞에 다가갔다. 조금 전까지 떠들던 사람들이 모두 입을 굳게 다문 채 은색별을 응시(凝視)하고 있었다. 더러는 두 손을 모으고 기도를 하는 모습도 보였다. 그 만큼 모두 엄숙하고 거룩한 장소라는 것을 의식(意識)하고 있는 것 같았다. 나는 나도 모르게 두 손을 모으고 눈을 감고 기도를 하였다. 그런데 갑자기 "지극히 높은 곳에서는 하나님께 영광이요 땅에서는 기뻐하심을 입은 사람들 중에 평화로다!"(누가복음 2:14)라는 말씀이 들렸다. 누군가 자신에게 속삭이는 말이었지만 내 가슴 속에서는 큰 소리로 메아리쳤다. 이곳을 방문하는 순례자(巡禮者)들은 저마다 평화를 다짐하고 가지만 이곳에 사는 사람들은 전쟁의 공포 속에 떨고 있는 것 같았다. 인류는 과연 평화를 누릴 자격이 있을까.

09 예수가 살았던 나사렛

　나사렛(Nazarene)으로 가는 도중에 예수가 물로 포도주를 만든 가나에 들렀다. 이른바 가나의 혼인잔치로 유명한 곳이다. 혼인잔치에 참석한 예수는 그의 어머니 마리아로부터 포도주가 떨어졌다는 말을 듣고 여섯 개의 항아리에 물을 가득 채우게 한 다음 그 물을 포도주로 변하게 하였던 기적을 나타낸 곳이다. 이것은 예수가 유대광야에서 돌아 온 뒤 첫 번째 행한 이적(異蹟)이었다.
　가나에는 이를 기념하기 위하여 세운 교회가 두 개가 있었다. 그 하나는 카톨릭 소속 프란시스코 수도회에서 세운 교회이고, 다른 하나는 동방정교회에서 세운 교회였다. 우리는 카톨릭에서 세운 교회를 둘러보기로 했다.
　혼인잔치기념교회로 들어가는 입구는 아주 비좁았다. 골목길에는 기념품을 파는 작은 가게들이 모여 있는데 가게마다 포도주를 진열해 놓고 파는 광경이 이색적이었다. 예수(Jesus)가 포도주 이적을 행한 곳이기 때문에 포도주가 기념품이 된 것 같았다. 포도주 값은 쌌다. 한 병에 2달러 밖에 되지 않았다. 그런데 나중에 알고 보니 그것은 모두 가짜 포도주라고 하였다. 세계 어느 곳이나 유명한 관광지에 가면 관광지마다 가짜들이 범람하고 있는데 이곳도 마찬가지였다.

가나 혼인잔치교회

혼인잔치기념교회는 대문(大門) 장식이 요란하고 특이했다. 이스라엘에서 보기 어려운 모습이었다. 안으로 들어가니 단아하면서도 아름다운 교회가 거룩한 분위기를 연출하고 있었다. 교회 마당에는 작은 항아리 여섯 개를 모아 놓았는데 하나의 미술작품처럼 보였다. 자연스럽게 어울린 그 모습이 너무나 아름다웠다. 그것을 보고 예수 시절 포도주 항아리가 생각나서 물어보았더니 교회 안에 들어가면 그런 항아리를 볼 수 있다는 것이었다. 포도주 항아리를 보기 위하여 교회 내부로 들어가려고 하였더니 문 앞에 서 있던 신부(神父)가 앞을 가로 막으며 예배 중이기 때문에 들어 갈수 없다고 하였다. 아쉬움이 컸지만 돌아설 수밖에 없었다.

동방정교회가 세운 혼인잔치기념교회도 시간에 쫓겨서 겉모습만 보고 내부를 들어가지 못한 채 나사렛을 향하여 발길을 돌렸다.

나사렛은 마리아가 천사로부터 예수를 수태(受胎)했다는 소식을 들은 곳이며, 예수가 베들레헴에서 태어나 이집트에 잠시 머물렀다가 돌아온 뒤 줄곧 살았던 곳이다. 누가(Luke)의 말처럼 예수가 이곳에서 목수(木手)로서 30여 년 간을 살았다.

예수가 태어났을 때는 한가한 마을이었으나 지금은 번화한 도시로 변하였다. 당시 나사렛마을은 얼마나 한촌(閑村)이었는지 가나에 사는 나다니엘(Nathaniel)은 메시아가 나사렛에서 태어났다는 소문을 듣고 "나사렛에서 무슨 선한 사람이 나올 수 있겠소."라고 말했을 정도로 이름 없는 한가한 농촌이었다.

나사렛은 갈릴리로부터 서쪽으로 약 24km 지점에 있는 도시로 해발 400m 되는 산비탈에 위치하고 있었다. 나사렛 남쪽 3km 지점에는 나사렛 사람들이 예수를 낭떠러지 아래로 떨어뜨리려고 했던 제벨 엘 카프사산이 있고, 나사렛 북단에는 예수시대에 사용했을 것으로 보이는 마리아 우물이 있다고 한다.

역사적으로 보면 나사렛은 구약성경에 한 번도 등장하지 않았던 곳이다. 나사렛은 서기 66년에 베스파시안 장군에 의하여 짓밟혔고, 629년에는 헤라클레우스 황제에 의하여 유대인들이 이곳에서 축출되었다. 그리고 1099년 십자군시대(十字軍時代) 나사렛은 비로소 활기를 띄기 시작하였다. 갈릴리의 왕자인 댄크리드가 교회와 수도원을 세우기 시작하면서 도시가 확장되었다. 그러나 1187년 이슬람교도였던 이집트 왕자 살라딘이 십자군을 몰아내고 나사렛을 점령하였다. 1263년에는 베이바스에 의하여 다시 점령된 후 400여 년 동안 이슬람교도의 지배를 받았다. 그러다가 1620년부터 기독교인들이 들어와 살기 시작하여 현재는 아랍계 기독교인들이 살고 있다.

수태고지기념교회(受胎告知記念敎會)는 마리아의 집터 위에 세워졌다. 수태고지교회는 나사렛에 있는 20여 개의 교회 가운데 으뜸가는 교회다. 이 교회는 이탈리아 건축가 지오바니 무지오가 설계한 건물로 정면은 폭이 30m, 길이가 70m나 되는데 지붕 형태가 왕관(王冠)모양을 하고 있는 것이 특이했다. 건물 입구에는 가브리엘 천사가 마리아에게 예수의 수태(受胎)를 알려주는 장면과 예수의 전기를 기록한 4복음서(四福音書)가 음각(陰刻) 되어 있었다. 이 교회는 베이지색 건물에 옅은 벽돌색 돌을 줄무늬처럼 배열하여 미적 감각을 잘 살린 건물이었다.

이곳에 교회가 세워진 것은 기독교를 처음으로 공인한 로마 황제 콘스탄티누스 어머니 헬레나의 요청에 의해서였다. 서기 326년 마리아가 수태고지(受胎告知)를 받았던 동굴 위에 교회를 세운 것이다. 그러나 서기 614년 페르시아에 의하여 이 교회는 파괴되었다.

그 뒤 댄크리드가 교회와 수도원(修道院)을 복구하였으나, 1263년

수태고지기념교회

이슬람교도 베이바스에 의하여 다시 파괴 되었다. 1730년, 프란시스코수도회가 조그마한 교회를 세웠다가 1877년 이를 확장하였다.

프란시스코수도회는 1955년부터 14년 동안 교회를 건축하여 수태고지라는 역사적인 사실에 걸 맞는 교회를 건축하여 현재 중동지방에서 가장 아름답고 웅장한 성전으로 알려지고 있다. 결국 네 번이나 교회가 파괴되고 복구되는 역사를 반복한 끝에 현재 교회가 건립된 것이다.

교회 내부는 모자이크로 되어 있는 바닥이 눈길을 잡아 당겼다. 제단(祭壇)에는 "이곳에서 말씀이 사람이 되었다"(요한 1:14)라는 성경 말씀을 라틴어로 새겨 놓았다. 엄숙한 분위기가 마음마저 낮추게 하였다. 가장 인상적인 것은 60m나 되는 첨탑에서 안으로 내려오는 빛이었다.

성전 2층에는 세계 여러 나라에서 보내온 예수와 마리아 그림이 걸려 있었다. 그중에는 우리나라에서 보내온 것도 있었는데 한복(韓服)을 입은 마리아와 예수의 모습이 어쩐지 어색하게 느껴졌다.

성전 1층 아래 지하에는 마리아가 천사로부터 예수 수태(受胎) 소식을 들은 동굴이 있었다. 동굴 안에는 커다란 돌기둥이 두 개 있었는데, 동굴 입구에 있는 기둥은 가브리엘 천사(天使)의 것이고 안쪽에 있는 것은 마리아의 기둥이라고 한다. 이 동굴에는 물 저장소, 곡식 저장소 포도즙 짜는 틀 등이 보존되어 있었다.

수태고지교회에서 북쪽으로 150m 정도 걸어서 올라가니 요셉기념교회가 있었다. 이 교회는 십자군시대에 세운 교회 터에 1914년 다시 건축한 것이다. 교회 제단에는 요셉 가족을 그린 성화(聖畵)가 걸려 있었다. 성전(聖殿) 아래에 있는 계단을 밟고 내려가면 지하에 아담하게 꾸며놓은 동굴이 있었다. 여기서 예수가 어린 시절에 목수(木手) 일을 하며 살았다는 곳이라고 한다. 그 조그만 동굴에서는 지금도 예수의 체취가 느껴지는 것 같았다.

10 예수의 활동 무대였던 갈릴리

 우리가 어제 밤 묵은 곳은 마간 기브츠란 단체에서 운영하는 마간 홀리데이 빌리지였다. 아침에 일어나 창문을 열었더니 갈릴리호수가 한눈에 들어왔다. 우리가 지난 밤 늦게 이곳에 도착하여 몰랐지만 참으로 경치가 아름다운 곳이었다. 빌리지 주위는 숲으로 둘러싸여 있었고 바다처럼 넓은 호수는 물안개를 피어올리고 있었다. 그리고 호수 건너편에 길게 뻗은 푸른 산은 장난감처럼 예쁘게 생긴 건물들을 품에 안고 있었다.
 갈릴리(Galilee)는 예수가 제자들과 생활하며 제자의 도(道)를 가르쳤던 곳이다. 예수는 갈릴리호수 주변에 있는 가버나움, 벳세다, 거라사 같은 마을에 자주 들리던 곳이다. 예수는 이곳에서 어부(漁夫)였던 베드로와 안드레, 요한, 야고보 같은 제자들을 불렀고 많은 기적을 행하였다.
 갈릴리호수는 그 길이가 남북으로 21km, 동서의 폭이 넓은 곳은 13km, 수심은 약 50m 정도 된다. 그리고 갈릴리호수의 둘레는 약 51km가 된다고 한다. 이 호수는 북쪽에 있는 헐몬산에서 발원한 물을 끌어들였다가 남쪽에 있는 요단강으로 내려 보낸다.
 호수의 모양이 이스라엘 전통악기 긴놀(kinnor)같다고 해서 구약시대에는 기네렛이라 하고, 신약시대에는 서기 26년에 헤롯왕의 아들 헤롯 안티파스가 호수 서편에 도시를 건설하고 디베랴라고 부르는 바람에 호수 이름도 덩달아 디베랴호수라고 명명되기도 하였다. 그런가 하면 게네사렛성읍이 가까이 있기 때문에 게네사렛호수라 부르기도 한다, 그래서 신약성경에는 갈릴리호수를 기네렛, 게네사렛, 디베랴, 갈릴리 등 여러 가지로 표기하고 있다.

우리 일행은 먼저 선착장으로 갔다. 선착장에는 이른 아침이라 그런지 한가한 가운데 나룻배 몇 척이 우리를 기다리고 있었다. 우리를 태운 나룻배는 호수 가운데로 나가면서 2000년 전 예수가 선상(船上)에서 설교하던 모습을 떠올리게 하였다. 그리고 물 위로 걷던 예수의 모습과 우직한 베드로가 자기도 물 위를 걷겠다고 걸어가다가 그만 물에 빠진 장면도 머리에 떠올랐다. 이런 생각을 하고 있노라니 참으로 감회가 깊었다. 그러나 그 지점이 어디쯤일까, 어림으로 짐작하여 보았지만 도무지 종잡을 수가 없었다.

우리는 마침 주일(主日)이라 갈릴리호수에서 선상예배(船上禮拜)를 드렸다. 김기철(천안대성감리교회)목사의 인도로 찬송을 부르고 성경을 봉독하고 설교를 들었다. 나는 김기철 목사님이 대표기도를 시켜서 떨리는 마음으로 하나님께 감사하며 간절히 기도하였다. 이 예배, 이 설교, 그리고 갈릴리호수 위에서 기도한 것을 영원히 잊지 못할 것 같다. 기독교인들이 모이면 어디서나 드리는 예배이고, 다 같이 부르는 찬송이고, 다 같은 말씀인데도 예수가 활동하던 갈릴리호수에서 불렀던 찬송과 말씀은 아주 특별한 감동을 주었다.

예배를 마치고 나자 축하라도 하는 듯이 수백 마리의 갈매기 떼가 우리들의 머리 위로 줄곧 비행을 하고 있었다. 장관이었다.

우리들이 나룻배에서 내린 곳은 디베랴포구였다. 앞에서 말한 헤

팔복기념교회

롯 안티파스가 이 도시를 건설하고 로마 황제 디베리우스의 이름을 따서 디베랴로 불려 진 곳이다. 그리고 서기 70년 예루살렘이 로마군에 의하여 함락(陷落)된 후, 많은 율법학자(律法學者)들이 이곳으로 몰려와서 살았던 곳이며 그 유명한 탈무드가 씌어 진 곳이기도 하다.

우리는 디베랴에서 버스를 타고 팔복산(Mt.Beatitude)으로 갔다. 팔복산(八福山)은 축복산(祝福山) 또는 핫팃산(Mt.Hatit)이라고도 부른다. 팔복산은 예수가 제자들에게 여덟 가지의 복을 설교하던 산이다. 예수가 팔복을 설교하던 자리에 카톨릭수녀원에서 건축한 팔복교회(八福敎會)가 있었다. 팔복산 아래로는 갈릴리 호수가 있고 교회 주위에는 나이를 자랑하는 수목(樹木)들이 아름다운 경관을 뽐내고 있었다.

팔복교회는 1937년 이탈리아 건축가 안토니오 바르루치가 건축한 교회라고 한다. 교회 건물은 팔복을 상징하는 팔각형(八角形)으로 건축하였는데 특이한 건축 양식이 나그네의 눈을 황홀하게 하였다.

교회 전경은 마치 서양 종(鐘)의 형상을 하고 있는데 교회 밖으로는 열린 회랑(回廊)형식으로 둘레를 처리하였다. 직선으로 된 기단(氣團)과 처마 사이에는 고린도식 기둥 사이 사이에 아치를 조성한 건축 구조는 직선미(直線美) 속에 곡선미(曲線美)를 강조하여서 보는 이로 하여금 발걸음을 멈추게 하였다. 지붕 위 중앙에는 다시 팔각(八角)으로 건물의 키를 높이고 그 위로 둥근 돔을 만들었는데 멀리서 보면 영락없는 종이었다. 바르루치의 안목과 건축기술이 돋보이는 건축물이었다. 거기다가 종교적인 경건(敬虔)함을 함축하고 있어서 나는 나도 모르게 옷깃을 여미고 주위를 둘러보았다.

교회 내부는 바닥에서부터 천장에 이르기까지 거룩한 분위기를 연출하고 있었다. 마치 거룩한 향기가 발산되고 있는 것 같았다. 창문으로 그윽하게 들어오는 빛이 그렇고, 창문 아래 히브리어로 새겨놓은 팔복(八福) 말씀이 그럴 뿐 아니라, 바닥에 라틴어로 새겨놓은 팔복 말씀이 모두 그랬다. 이처럼 교회 내부는 온통 보이지 않는 빛의 향기로 충만해 있는 것 같았다. 나는 교회 중앙에 걸려 있는 십자가(十字架)를 바라보다가 나도 모르게 머리를 숙이고 말았다. 심령이 가난한 자는 복이 있는 자는 복이 있나니 천국이 저희 것임이요. 애통하는 자는 복이 있나니 저희가 위로를 받을 것임이요… 이처럼 시작하는 예수의 말씀이 내 가슴 속에서 스파크를 일으키고 있었다.

교회 밖에 나오니 수녀(修女)들이 주일예배(主日禮拜)를 준비하느라 의자를 부지런히 늘어놓고 있었다. 어디서나 주(主)를 위해 수고하는 손길은 아름답게 보였다. 우리가 막 버스를 타려고 하는데 한 무리의 수녀들이 버스에서 내리면서 우리에게 미소를 보내주었다. 해맑은 미소는 누구에서나 행복감을 안겨 주는 것 같았다.

팔복교회에서 갈릴리 호수 쪽으로 조금 내려오니 오병이어(五餠二魚)기념교회가 있었다. 예수가 떡 다섯 개와 물고기 두 마리로 5000명을 먹이고 남는 기적을 행했던 자리에 이를 기념하는 교회였다. 이른바 서양인들이 일곱이란 숫자가 행운의 숫자라는 인식을 갖게 한 사건의 현장이다. 인간의 생각으로는 도저히 불가능한 일이지만 하나님의 아들로서는 불가능(不可能)한 일이 없다는 것을 보여준 곳이다.

이곳이 오병이어의 기적을 보여준 곳이라는 것을 알게 된 것은 1930년대 초 독일 고고학자(考古學者)들에 의해서였다. 이들은 서기 400년대에 건축한 교회의 유적을 찾아내었다. 그 단서는 교회 바닥에 모자이크로 된 오병이어의 그림이었다. 교회에서 모자이크 그림

오병이어기념교회

은 비잔틴시대 유행했던 것이다. 이 유적(遺跡)은 이스라엘이 찾은 유물(遺物) 중 가장 보존이 잘 된 유적이었다.

　오병이어의 모자이크가 발굴되자 독일 카톨릭에서는 건축가 게오르겐과 바우만에게 설계를 시킨 뒤에 1936년 교회 유적지 위에 기념교회를 건축하였다. 교회 안으로 들어가니까 제단 앞에 모자이크로 된 물고기 두 마리와 떡 바구니 그림이 있었다. 그리고 그 뒤편에 제단(祭壇)이 설치되었고 제단 아래에는 작은 바위가 돌출 되어 있었다. 이 바위는 예수가 떡과 물고기를 놓고 축사(祝辭)하던 곳이라고 한다. 예수가 2천여 년 전 오천 명의 청중 앞에서 보여준 이 기적은 오늘을 사는 우리에게도 소망이 되고 기쁨이 되는 것이다.

11 베드로수위권교회와 가버나움

오병이어(五餠二魚)기념교회에서 갈릴리호수 쪽으로 조금 내려가니 베드로 수위권교회(首位權敎會)가 보였다. 검은 현무암(玄武巖)으로 지어진 조그만 교회였다. 교회 크기로나 모양새로 보아서는 큰 관심거리가 될 것 같지 않았다.

대개 사도(使徒)들이 사역하다가 순교(殉敎)를 하였거나 역사적인 사건이 일어났던 곳에는 기념교회를 세우고 그의 이름을 붙여서 무슨 기념교회라고 한다. 그런데 여기서 수위권교회라는 특이한 이름이 붙여진 것은 예수가 베드로에게 수제자(首弟子)의 권위를 부여하였다는 의미로 붙여진 것이다.

예수가 십자가에 못 박힌 뒤 베드로는 갈릴리로 돌아왔다. 그는 친구들과 갈릴리호수로 나가서 밤새도록 고기잡이를 하였으나 고기는 한 마리도 잡지를 못하였다. 날이 샐 무렵 부활한 예수가 그들 앞에 나타나서 그물을 배 오른편에 던지라고 말하였다. 그러자 고기가 많이 잡혀서 그물을 끌어 올릴 수가 없었다. 그제야 베드로는 그물을 배 오른편에 던지라고 말한 이가 부활(復活)한 예수라는 사실을 알고 황급히 육지로 올라왔다. 그물에는 물고기가 150마리나 잡혀 있었다.

예수는 베드로와 함께 그곳에서 아침 식사를 마친 뒤에 베드로에게 말했다. "베드로야 네가 이 사람들보다 나를 사랑하느냐?" 베드로가 그렇다고 대답하였다. 그러자 예수는 베드로에게 "내 양을 먹이라"고 말하였다. 예수는 베드로의 대답을 듣고 난 뒤 다시 똑 같은 질문을 하였다. 베드로도 같은 대답을 반복하였다. 예수는 이렇게 세 번이나 베드로에게 똑 같은 질문을 하고 베드로의 대답을 들은 뒤에 "내 양을 먹이라"고 당부하였다. 여러 제자들 앞에서 베드로에게 이렇게 당부한 것은 그에게 수제자(首弟子)의 권위를 부여한 것이라고 한다. 이러한 성경 말씀을 배경으로 이곳에 교회가 세워지고 이름도 베드로수위권교회라고 명명하게 된 것이다.

베드로수위권교회는 갈릴리호수를 마당삼아 세워져 있었다. 본래 이 교회는 서기 380년경에 세워졌던 비잔틴교회의 한쪽 벽을 보존하면서 1933년에 다시 재건한 것이다. 베드로수위권 교회의 외양은 보잘 것 없었다. 그러나 호수 쪽에서 교회를 바라보면 십자가가 세워진 둥근 탑이 마치 등대(燈臺)처럼 보였다. 어둠에 빠진 인류를 구원하고자 진리의 빛을 발하는 그런 모습처럼 보였다. 그리고 그 앞으로는 푸른 물결이 넘실대고 있었다.

교회 마당으로 내려가니 팔복교회에서 눈인사를 나누었던 수녀들이 지름길로 먼저 와 있었다. 성지에서 만나는 사람들은 누구나 친근하게 느껴졌다. 아니, 형제나 자매처럼 느껴졌다.

교회 마당은 원형극장(圓形劇場)을 연상하게 하였다. 그리고 호수쪽 끝 지점에 청동(靑銅)으로 만든 조각 작품이 눈길을 모았다. 이 조각 작품은 이태리 조각가 마르띠니의 작품인데 예수가 베드로에게 수위권(首位權)을 부여하는 모습을 나타내고 있었다. 그 형상이 너무나 인상적이었다.

예수가 베드로에게 수위권을 부여하는 모습

교회 안으로 들어가니 한글로 된 교회 설명서가 놓여 있었다. 이것을 보면 우리나라 사람들이 얼마나 많이 찾아오는가를 짐작할 수 있었다. 그만큼 우리의 국력(國力)이 신장된 것이라는 것을 생각할 때 가슴이 뿌듯해지는 것을 어찌할 수가 없었다. 교회 안에는 교묘한 빛을 발하고 있는 스테인드 글라스가 너무나 아름다웠다. 이태리의 화가 안젤로 몬따냐의 작품이라고 하는데 빛과 색채가 연출하는 아름다움은 좀처럼 잊혀질 것 같지 않았다. 그리고 교황 바오로 6세가 이곳을 방문한 기념으로 만든 모자이크도 잠시나마 발걸음을 멈추게 하였다. 교회 안 제단(祭壇) 앞에는 커다란 바위(Mensa Christi)가 하나 보였다. 예수가 베드로와 함께 고기를 구워 먹으면서 대화를 나누었던 바위라고 한다. 그곳에서 세 번이나 반복해서 베드로에게 "내 양을 먹이라"고 말한 예수의 음성과 함께 물고기를 굽는 냄새가 가슴으로 스며드는 것 같았다. 베드로수위권교회는 밖에서 보던 것과는 달리 교회 안에서 풍성한 아름다움을 맛볼 수 있었다.

가버나움은 베드로수위권교회에서 약 3km 떨어진 지점에 위치하고 있었다. 예수가 살던 그 당시 가버나움은 인구가 15000명 내지 2만 명 정도 되는 도시였다. 가버나움은 남쪽으로는 이집트, 북쪽으로 다메섹을 잇는 통로로 세관(稅關)이 있었고 로마 군대가 주둔하고 있었던 곳이다. 당시 가버나움에서는 말린 물고기와 게네사렛 지방에서 생산되는 농산물이 거래 되었고, 비단을 운반하는 상인들과 다메섹에서 온 염탐꾼들로 붐볐다고 한다.

예수는 그의 고향 나사렛을 떠나 이곳 가버나움으로 와서 약 20개월간 머물면서 복음(福音)을 전하였다. 이를테면 가버나움은 예수의 선교(宣敎) 근거지라고 할 만큼 이곳에서 가장 많은 사역(使役)을 하였다. 그리고 예수가 어부(漁夫)였던 베드로, 안드레, 야고보 요한을 제자로 삼고, 사람을 낚는 어부로 만들었던 곳이며, 여러 가지 기적(奇籍)을 나타냈던 곳이다.

예수는 이곳에서 문둥병자를 깨끗하게 하고, 중풍병(中風病)에 걸린 백부장(百夫長)의 종을 낫게 하였고, 열병(熱病) 때문에 알아 누운 베드로 장모의 병을 고쳤으며, 더러운 귀신 들린 사람에게서 귀신을 내쫓았고, 혈루병(血淚病) 앓는 여인을 깨끗하게 하였다. 그리고 손 마른 자를 고쳤고, 소경이 눈을 뜨게 하였으며, 네 사람이 메고 온 중풍병자를 일어나게 하는 등 수 많은 병자(病者)를 고쳤던 곳이다.

이곳 사람들은 예수의 가르침과 수많은 이적(異蹟)을 보았음에도 불구하고 회개(悔改)할 줄을 몰랐다. 이를 본 예수는 가버나움을 책망하면서 멀지 않은 장래에 멸망할 것을 선언하였다. 그 뒤 가버나움은 예수가 말한 대로 멸망하여 지금은 폐허(廢墟)로 변해 있었다. 가버나움은 도시 전체가 파괴되어 황야(荒野)처럼 돌무덤으로 변하였다. 다만 회당(會堂)터만 아직까지도 아쉬운 듯 돌로 쌓은 벽이 병자처럼 간신히 버티고 있었다. 2천 년 전 찬란했던 영화는 간 곳이 없고, 올리브기름을 짜던 연자 맷돌만 제 모습을 간직한 채 가버나움을 지키고 있었다. 그리고 베드로의 집이 있었던 자리에는 현대식으로 지은 베드로기념관이 관광객들에게 손짓을 하고 있었다.

1905년 독일의 고고학자 쿨(Kohl)과 바징거(Watzinger)가 가버나움을 발굴했다. 이 발굴 작업 결과 4세기의 것으로 추정되는 유대인 회당(會堂)을 발굴하였고 서쪽과 남쪽에 위치하였던 마을 터도 발굴하였다. 무엇보다 주목을 끄는 것은 회당의 유물이었다. 이곳의 돌에는 로마시대의 상징이었던 문양(紋樣)을 비롯하여 다윗의 별, 수양의 뿔, 법궤(法櫃)와 종려나무 등이 새겨져 있었다. 여기서 느껴지는 것은 세월의 허무함뿐이었다. 이 회당은 이전의 회당 위에 세워진 것이다. 이전의 회당에서 예수가 복음을 전했다는 사실도 밝혀졌다. 예수가 말씀을 가르치고 기도하고 기적(奇蹟)을 행했던 그 회당을 말하는 것이다.

12 전쟁터 므깃도와 갈멜산

 갑자기 시야(視野)가 확 열리며 넓은 평원(平原)이 나타났다. 이스르엘(Jezree) 평원이었다. 지금까지 풀 한 포기 볼 수 없는 돌산만 보아오다가 넓은 들을 바라보니 시원한 느낌이 들었다. 이스르엘 평원은 갈릴리산맥에서 시작하여 남쪽으로 사마리아산맥까지 펼쳐져 있었다. 그 모양이 삼각형을 이루고 있는데 두 변의 길이는 각각 24km이고, 다른 한 변의 길이는 32km나 되었다. 이스라엘에서는 가장 넓은 들판이라고 할 수 있다.
 이스르엘 평원은 첫눈에 보아도 곡창지대(穀倉地帶)라는 것을 짐작할 수 있었다. 겨울철인데도 푸르른 밭고랑이 무늬를 이루고 있었다. 하나님이 아브라함에게 약속한 땅, 젖과 꿀이 흐르는 땅이 실감으로 느껴졌다. 오늘 날 이스라엘 사람들도 이곳을 '이스라엘의 빵바구니'라 부른다고 한다.
 도로 주변 언덕에는 유채꽃처럼 보이는 노란 꽃들이 군락을 이루고 있었다. 마치 제주도를 여행하고 있는 것 같았다. 그런데 노랗게 피어 있는 꽃들은 유채꽃이 아니라 겨자꽃이라고 하였다. 나는 의아해 하지 않을 수 없었다. 지금까지 겨자씨는 잣나무나 전나무 같이 커다란 나무에서 채취하는 것으로 알고 있었다. 그런데 나무가 아닌

풀이라고 하니 놀라지 않을 수 없었다. 새가 깃들인다는 겨자나무는 나무가 아니라 일년생 겨자풀이었던 것이다. 나는 겨자풀을 바라보면서 잘못된 개념을 바로 잡기에 바빴다.

드디어 므깃도(Megiddo)에 도착하였다. 므깃도는 고대(古代)로부터 이스라엘 평원에서 가장 중요한 도시로 이스르엘 평원의 관문(關門)이며 전략적 요충지(要衝地)였다. 이집트에서 시리아 쪽으로 진출하려면 반드시 므깃도를 통과하여야 한다. 반대로 시리아 쪽에서 이집트로 진출하려면 역시 므깃도를 지나야 한다. 그뿐 아니라 외적(外敵)들이 가나안을 점령하려면 이스르엘 평원을 점령하여야 하는데 이스르엘 평원을 점령하려면 반드시 므깃도를 장악하여야 한다. 그만큼 므깃도는 전략적으로 중요한 거점(據點)이 되었기 때문에 전쟁이 잦았던 지역이다.

역사적으로 보면 므깃도는 BC 1478년 이집트 왕 투트모스가 침입해 왔고, 그 후 여호수아가 이곳을 점령하여 므깃도 왕을 살해하였다. 여호수아가 이곳을 점령한 뒤, 땅을 분배할 때 이 땅은 므낫세 지파(支派)에게 배분하였다. 그러나 원주민(原住民)들이 완강하게 저항하기 때문에 므낫세 지파는 그 땅을 완전히 정복하지 못하였다.(수17:11~13) 사사시대(士師時代)에는 바락이 이곳에서 시스라 군대를 격퇴(擊退)하였으며(삿4:1~24), 통일왕국시대(統一王國時代)에는 다윗 왕이 므깃도를 점령하였고, 그의 아들 솔로몬은 이곳에 마병성(馬兵城)을 건축하였다.(왕상10:26~29) 그리고 BC 9세기에는 유다 왕 아하시야가 예후에 의하여 전사하였고,(왕하9:27), BC 609년에는 역시 유다 왕 요시아가 북진하는 이집트 왕 느고를 저지하다가 전사하였다.(왕하23:30)

이처럼 므깃도가 격전장(激戰場)이 되었던 것은 젖과 꿀이 흐르는

전쟁 터 므깃도

땅 이스르엘 평원을 차지하려는 세력과 북쪽에서 남쪽으로, 혹은 남쪽에서 북쪽으로 쳐들어가는 외적들이 이스르엘 평원을 통과해야하기 때문에 므깃도에서 줄곧 전쟁을 하였던 것이다. 고고학자들에 의하면 므깃도는 24번이나 파괴되었다가 24번이나 다시 복원되었다고 한다. 근대에는 서기 1917년 알렌비장군이 지휘하는 영국군이 오스만 터키군을 섬멸했던 곳이다. 성경에 의하면 이 세상의 마지막 운명을 결정하는 전쟁이 아마겟돈(므깃도)에서 일어난다고 하였다.(계 16:16) 이를 보면 므깃도는 영원한 전쟁터인 것이다.

므깃도박물관에는 지난날의 역사와 함께 이곳에서 출토된 많은 유물(遺物)들이 전시되어 있었다. 그 유물들에서 피의 아우성이 들리는 듯하였다. 나는 그 참혹했던 지난날의 전투를 상상하다가 머리가 뒤틀리는 것 같아서 그만 두었다.

므깃도에는 온전한 건축물이 하나도 없고 무너져 내린 돌무지뿐이었다. 돌의 크기가 엄청나게 큰 것에서부터 조약돌에 이르기까지 모두가 역사를 증언(證言)하고 있는 것 같았다. 그중에서 시선을 끄는 것은 솔로몬왕 때 건축한 므깃도 성문(城門)이었다. 주초(柱礎)에 새겨진 문양(紋樣)이나 조각이 범상(凡常)치 아니하였다. 무너진 성터에서 엿볼 수 있는 문화의 파편(破片)이 잠시나마 마음을 설레게 하였다. 솔로몬은 므깃도를 요새화(要塞化)하기 위하여 철통같은 성벽을 쌓았다. 그리고 450필의 말과 150여 대의 병거(兵車)를 수용할 수 있는 마병장(馬兵場)을 만들었다. 그러나 그처럼 완벽했던 솔로몬의 성벽(城壁)도 이집트왕 사삭의 침략을 막아내지 못하였다. 인간이 만든 것 가운데 영원한 것은 없는 것 같다. 마병장 옛터에는 말들에게 물을 먹였던 구유만이 지난날의 역사를 증언하고 있었다.

무너진 성벽을 다시 재건한 것은 그로부터 백년이 지난 아합왕 때였다. BC 860년경, 아합 왕은 므깃도를 재건한 뒤 용수(用水)문제를 해결하기 위하여 수로(水路)시설까지 하였다. 므깃도에는 샘이 하나 있는데 그 샘은 성밖 언덕 기슭에 있었다. 평상시에는 문제가 없으나 전쟁시에는 성 밖으로 나갈 수 없기 때문에 때로는 용수문제가 전쟁의 성패(成敗)를 가름하기도 하였다.

아합왕은 이런 문제를 해결하기 위하여 샘으로 연결하는 지하터널을 만들었다. 터널은 므깃도 성안에서 60m 파내려 간 다음 다시 성 밖에 있는 샘을 향하여 120m를 더 파고 들어간 것이다. 지하터널은 암석(巖石)으로 되어 있었다. 당시의 기술로는 지하터널을 만들기가 상당히 어려웠을 것이라는 생각이 들었다. 나는 터널로 걸어가면서 강원도 어느 석탄 갱도를 통과하는 기분을 느꼈다.

므깃도를 돌아보고 갈멜산으로 갔다. 갈멜산은 높이가 해발 540m, 길이가 약 25.6km, 폭이 약 7.2km되는 산이었다. 도로를 따라 가노라니 한국의 야산을 달리는 것 같았다. 이스라엘은 어디를 가나 산에서 나무를 보기가 어려웠지만 갈멜산은 온통 푸른 나무들로 숲을 이루고 있었다. 주로 상수리나무들이었다. 나무 아래에는 상수리가 지천(至賤)으로 깔려 있었다.

그리고 산기슭에는 아네모네가 겨울철 추위를 잊은 채 수줍은 듯이 볼을 붉히며 빨갛게 피어 있었다. 그 모습이 여간 아름답지 않았다. 지중해(地中海) 연안 샤론평원에서 피어나는 '샤론의 꽃'은 아네모네였다. 예수를 상징하는 샤론의 꽃은 모처럼 찾아간 나그네들을 반기고 있었다.

이곳에서 여호수아는 BC 1046년 욕느암왕을 굴복시켰고(수 11:22), 엘리아는 바알 선지자 450명을 진멸 시켰을 뿐 아니라 이 산에서 기도하여 3년 반 동안이나 가물었던 땅에 단비를 내리게 하였다.(왕상18:20~40) 그리고 엘리사는 이곳에서 수넴 여인을 만나 그녀의 아이를 살려 주었고(왕하4:25, 35), 예레미아는 이곳에서 바벨론의 패망(敗亡)과 이스라엘의 회복(回復)을(렘50:17~20) 예언하였다. 갈멜산은 그 옛날부터 많은 선지자(先知者)들이 활동하며 수많은 기적을 나타낸 산이다. 현재 갈멜산 정상에는 1836년 희랍정교회에서 세운 갈멜산수도원이 있고, 수도원 마당에는 엘리아의 동상이 근엄한 표정을 짓고 서 있었다. 그 앞에서 잠시 기도를 하였다.

13 겟세마네동산

　감람산은 산 전체가 하나의 박물관을 연상하게 하였다. 발길이 닿는 곳마다 예수의 발자취가 서려 있고, 눈길이 닿는 곳마다 성서적인 배경이 아닌 곳이 없었다. 예수는 감람산에서 쉬기도 하고, 때로는 제자들을 가르치기도 하며, 그리고 눈물어린 기도를 하던 한 곳이다. 그만큼 감람산은 예수와 밀접한 관계를 가지고 있다. 지금이라도 주님을 부르면 어디선가 곧 모습을 드러낼 것 같은 느낌이 들었다.
　예수가 제자들에게 기도(祈禱)를 가르치고 있는 모습을 머릿속에 그리며 주기도문교회(主祈禱文敎會)에 이르렀다. 주차장에서 계단을 밟고 올라가니 정원이 나왔다. 주기도문(主祈禱文)은 정원에서부터 회랑(回廊)을 거쳐 본당(本堂)에 이르기까지 일정한 액자에 넣어서 똑같은 간격으로 게시되어 있었다. 주기도문은 모두 82개인데 각기 다른 문자들로 씌어 있었다.
　교회 회랑에는 서기 1102년에 히브리어로 쓴 주기도문이 있었다. 그 많은 전란(戰亂) 가운데서도 9백년이란 긴 세월동안 옛 모습을 잃지 않고 버텨 온 그 주기도문은 가슴을 뭉클하게 하였다. 그러나 이보다 더 큰 감격을 안겨다 준 것은 한글로 된 우리말 주기도문이었

주기도문교회

다. 우리나라 천주교(天主敎) 부산교구에서 보낸 것인데 마치 세종대왕(世宗大王)을 만나기라도 한 것처럼 반가웠다. 우리글로 쓴 주기도문이 있다는 사실이 이처럼 자랑스러울 수가 없었다. 정말 감개무량(感慨無量)하였다. 나는 자꾸만 눈시울이 뜨거워져서 그곳을 떠나지 못하고 한참동안이나 그 자리에 머물러 있었다.

이곳에 주기도문교회가 세워진 것은 제자들이 예수에게 기도(祈禱)하는 방법을 묻자 예수가 제자들에게 기도하는 방법을 가르쳐 주었던 곳이기 때문이었다. 그때 예수가 제자들에게 가르쳐 준 기도가 주기도문이다. 이 세상에서 가장 모범적인 기도문으로 오늘날까지도 성도들이 모였을 때마다 음송(吟誦)하는 기도문이다.

이곳에 주기도기념교회를 처음 건립한 사람은 로마 황제 콘스탄틴누스였다. 그는 기독교(基督敎)를 처음으로 공인(公認)한 뒤, 그의 어머니 헬레나의 권유에 따라 베들레헴과 예루살렘, 그리고 이곳 감람산 정상에 교회를 세웠다고 한다. 콘스탄틴누스 황제가 서기 313년에 기독교를 공인(公認) 한 것을 감안하면 주기도문교회가 세워진 것도 그 즈음이었을 것으로 생각된다.

주기도문교회는 서기 614년 페르시아의 침공으로 인하여 파괴되었다. 다시 모데스토스란 사람이 재건하였으나 서기 1009년 알 하킴에 의하여 파괴되었다. 그 후 서기 1099년 십자군(十字軍)이 이스라엘을 점령한 뒤에 다시 재건(再建)하였으나 십자군(十字軍)이 물러간 뒤 이슬람교도들에 의하여 또다시 파괴되었다. 이처럼 주기도문교회는 재건과 파괴를 반복하였다. 그러다가 서기 1868년 프랑스 공주 오델리가 교회 부지를 사서 프랑스정부에 헌납한 것을 갈멜수녀원이 서기 1875년 교회를 재건하여 오늘에 이르고 있다.

감람산은 어느 곳에서나 예수의 숨결이 느껴졌다. 그 중에 가슴을 설레게 하는 곳은 감람산 서쪽 기슭에 있는 겟세마네동산이었다. 겟세마네동산은 예수가 십자가에 못 박히기 전날 밤, 피땀을 흘리며 간절하게 기도하던 곳이다. 그리고 십자가에 못 박히기 위하여 대제사장(大祭司長)일행에게 붙들려간 곳이기도 하다. 서기 379년 이곳에 처음으로 기념교회가 건립되었다. 그러나 서기 614년 페르시아의 침공을 받아 다시 파괴되었다. 그 뒤 십자군이 점령하였을 때 다시 재건하고 이슬람군대에게 점령당하였을 때 또다시 파괴되었다.

현재의 교회는 십자군시대에 있던 교회의 잔해(殘骸) 위에 이탈리아 건축가 바르루치의 설계로 건립한 것이다. 서기 1919년에 16개 국가로부터 성금을 모아 1924년에 완공한 건물이다. 그래서 겟세마네교회를 만국교회(萬國敎會)라고도 부르게 되었다.

만국교회는 아래로 기드론골짜기를 내려다보고, 위로는 예루살렘성 사자문을 올려다보고 있었다. 교회 안으로 들어가려면 교회 옆에 있는 조그만 정원(庭園)을 통과하여야 했다. 나지막한 철문(鐵門) 안으로 들어가니 연륜을 알 수 없는 올리브 나무 여덟 그루가 자리를 차지하고 있었다. 그 중에 어떤 나무는 둘레가 7.3m나 되는 것도 있었다. 그런 나무는 나이가 천년은 넘었을 것이라고 한다. 비록 예수시대에 있던 나무는 아닐지라도 그 큰 고목을 바라보고 있노라면 나무들 사이로 예수가 제자들과 함께 미소를 지으며 나타날 것 같았다.

만국교회는 아주 화려한 모습을 하고 있었다. 지붕은 12개의 돔으로 되어 있고, 정면 구성은 여러 가지 건축기법을 다 동원하여 아름답게 장식되어 있었다. 본당(本堂)으로 들어가는 문 앞은 복도를 여유 있게 만들고 그 앞으로 홍예문(虹霓門)을 세 개나 만들어서 장엄한 분위기를 연출하고 있었다. 홍예문 사이에 있는 네 개의 돌기둥

만국교회

은 여러 개의 원주(圓柱)를 모아서 그 위에 이오니아식 주두(柱頭)를 만들고, 그 위로 다시 방형(方形)기둥을 세운 다음 도리아식 주두(柱頭)를 올려서 위엄과 멋을 맘껏 드러내고 있었다. 바로 그 위에 복음서(福音書)의 저자 마태, 마가, 누가, 요한이 각자 자기들이 기록한 복음서(福音書)를 들고 있는 석상(石像)을 올려놓았다. 그리고 그 위에는 예수가 자신과 세상의 고통을 하나님께 바치는 장면을 모자이크로 .화려하게 벽을 장식하고 있었다. 이런 모습은 너무나 인상적이었다.

교회 내부로 들어가니 어두컴컴한 분위기가 잠시나마 마음을 당황하게 하였다. 잠간동안 마음을 가다듬고 제단(祭壇) 앞을 바라보았다. 성서(聖書)를 배경으로 하는 벽화(壁畵)가 눈길을 끌었다. 그곳에는 예수가 피땀을 흘리며 기도하는 모습과 베드로가 흥분한 나머지 칼을 빼서 병사의 한쪽 귀를 내리치는 모습과, 그리고 가롯 유다가 예수를 팔기 위하여 입 맞추는 장면이 성경대로 그려져 있었다.

제단(祭壇) 앞에는 여섯 개의 촛대가 있고, 그 앞 사각 공간에는 바위의 일부분이 돌출해 있는데 그 바위가 바로 예수가 엎드려 기도하던 바위라고 한다. 즉 예수가 피땀을 흘리며 기도하던 바위, 그 바위인 것이다. 그 바위가 있는 사각 공간 둘레에는 가시관을 연상케 하는 철책이 설치되어 있었다. 그 가시관이 무엇을 상징하고 있는지 알 것 같았다. 두 말할 것 없이 면류관(冕旒冠)을 상징하는 것이었다. 나는 갑자기 가슴이 뜨거워져서 머리를 숙이고 기도를 하였다.

다시 고개를 들어 천장을 바라보았다. 천장은 12개의 돔으로 구성되었는데 그것은 12사도(使徒)를 의미하는 것이라고 한다. 그리고 천장에는 수많은 별들이 조명을 받아 반짝이고 있었다. 예수가 기도하던 밤을 연출한 것이었다. 그제야 나는 실내 분위기를 어두컴컴하게 하였던 이유를 알 수 있을 것 같았다. 이처럼 만국교회는 아주 작은 것에 이르기까지 성서적인 의미를 내포하고 있었다.

　만국교회를 나와서 예루살렘성 사자문 쪽을 올려다보았다. 그 아래로 뻗어 있는 도로를 바라보면서 2천 년 전 예수가 그 길로 끌려갔을 것이라는 것을 생각하니 가슴이 뭉클해 옴을 어찌할 수가 없었다.

14 시온산과 마가의 다락방

　시온산은 예루살렘성에서 시온문을 통과하여 성 밖으로 100m 쯤 떨어진 곳에 위치하고 있었다. 시온산은 높이가 해발 765m나 되지만 예루살렘 도성(都城)이 더 높은 고지(高地)에 있기 때문에 낮은 언덕처럼 보였다. 본래 시온산은 솔로몬 왕이 성전(聖殿)을 건축했던 지역만을 의미했으나 차츰 예루살렘 도성 전체를 의미하게 되었다. 그러다가 예수가 십자가(十字架)에 못 박힌 뒤부터는 이곳만을 시온산이라고 불렀다.

　히브리어로 시온(Zion)이란 말은 요새(要塞)를 의미한다. 이곳은 다윗시대(BC 1000~961)에 여브스족의 요새였는데, 다윗이 시온산을 점령한 뒤에는 이곳을 이스라엘민족의 정치적인 중심지로 삼고 그 이름을 다윗성이라 했다.(삼하5:6~9, 왕상8:1, 대상11:5, 대하5:2) 그리고 언약궤(言約櫃)를 안치(安置)하여 이스라엘 사람들에게 이곳을 신앙적으로도 중심지로 삼게 하였다.(삼하6:12~18) 그 뒤 BC 958년에 솔로몬이 이곳에 예루살렘성전을 짓고 언약궤가 성전에 옮겨지면서(왕상8:1) 이 지역을 한정하여 시온산이라 부르기도 하였다. 시온산 이 외에 다른 이름으로는 '거룩한 산' '여호와의 산'이라 일컬어지기도 하였다.

마가의 다락방

시온산은 유대교, 기독교, 이슬람교에 이르기까지 모두 거룩한 성산(聖山)으로 여기고 있다. 기독교인들은 예수가 이곳에서 최후로 성만찬(聖晩餐)을 베풀었던 곳이며, 또한 동정녀 마리아가 죽은 곳이기 때문이다. 그리고 유대교와 이슬람교는 그들 모두가 경배(敬拜)하는 다윗왕의 묘(墓)가 이곳에 있기 때문이다.

시온산 정상에는 높은 첨탑이 뽐내고 있는 돌미시온교회가 있었다. 돌미시온교회는 그 위용이 마치 시온산의 상징물처럼 보였다. 이곳에서 동정녀 마리아가 일생을 마쳤다고 한다. 그래서 돌미시온교회는 마리아의 영면(永眠)을 기념하기 위하여 세워졌는데 돌미시온이란 '잠들다'란 뜻이다. 그러니까 돌미시온교회를 우리말로 의역(意譯)하면 마리아영면기념교회(마리아永眠記念敎會)라고 하겠다.

이곳에 교회(敎會)가 처음 세워진 것은 서기 1100년 십자군(十字軍)에 의해서였다. 십자군은 이곳에 교회를 세우고 '시온산의 성마리아교회'라고 하였다. 그 뒤 서기 1219년 이슬람교도들이 이곳을 점령한 뒤에 교회를 파괴하고, 교회부지는 터어키인이 소유하다가 1898년 독일 황제 빌헬름 2세에게 넘어갔다. 그 후 베네딕트수도회가 빌헬름 2세로부터 부지를 인수받아 서기 1910년에 돌미시온교회를 건립한 것이다. 이 교회는 밖에서 보면 마치 두 개의 교회처럼 보이는데 건물이 하나로 이어져 있었다.

교회 내부로 들어가면 전면에는 마리아와 아기 예수를 모자이크한 그림이 있고 바닥에는 삼위일체(三位一體) 하나님을 상징하는 모자이크가 있었다. 범상한 모자이크가 아니란 것은 단번에 짐작할 수 있었다, 자세히 들여다보니 모자이크는 아름답기 짝이 없었다. 모자이크는 보면 볼수록 아름다웠다. 지하에는 마리아가 마지막 숨을 거두는 장면을 조각한 석상(石像)이 있는데 예술적으로 아주 뛰어난 작품이었다.

 돌미시온교회를 나와서 뒤쪽으로 돌아가면 좁은 골목길이 있고, 그 길 막다른 곳에 마가의 집이 있었다. 겉으로 보기에 허름하게 보이는 2층집이었다. 이끼가 낀 외벽에서 세월의 무게가 느껴지는 건물이었다. 예수시대 있었던 집이라고는 할 수 없으나 마가의 집터 위에 세워진 집이라는 사실을 의심하는 사람은 없었다.

 마가의 집 문 앞에는 많은 사람들이 대기하고 있었다. 장소가 협소하여 관람객 입장을 제한하고 있었다. 우리뿐만 아니라 한 무리의 이스라엘 군인들도 우리보다 앞서 왔지만 줄을 서고 있었다. 그들은 여군 장교로부터 무슨 지시를 받고 있었는데 그들의 초롱초롱한 눈망울이 여간 인상적이 아니었다.

 한참 뒤에 건물 안으로 들어가니 마가의 집 1층에 다윗의 무덤이 있었다. 실제의 묘는 아니고 기념묘(記念墓)였다. 우리식으로 표현하면 가묘(假墓)인 것이다. 다윗왕의 묘는 길이 2m, 폭 1m 정도 되는 석관(石棺)이었는데 겉에는 녹색 빌로드 천으로 된 덮개를 뒤집어쓰고 있었다. 그리고 덮개에는 유대인의 상징인 '다윗의 별'이 그려져 있고, 히브리어로 '이스라엘 왕 다윗은 살아서 여기 있다'란 글씨가 쓰여 있었다. 석관 뒤에 있는 선반에는 토라의 은관(銀冠)이 진열되어 있었다. 그것은 다윗의 것인지 아닌지는 알 수 없었으나 다윗 왕을 연상하는 데는 큰 도움이 되었다. 비록 가묘에 지나지 않았지만 다윗왕을 추모(追慕)하며 잠시나마 깊은 사색에 잠길 수 있어서 좋았다.

 본래 이스라엘 사람들은 대체로 무덤을 남기지 않았다. 이스라엘은 역사적으로 41명의 왕이 있고, 모세와 솔로몬 같은 위대한 인물이 있었으나 어느 누구도 그 무덤을 알 수는 없다. 이웃 나라인 이집트가 피라미드와 같은 어마어마한 무덤문화를 남긴 것과는 아주 대조적인 것이다. 그뿐 아니라 이스라엘은 무덤의 위치도 파악할 수 없는 것이다. 이스라엘 사람들은 아무리 위대한 인물이라 할지라도 인간을 영웅(英雄)으로 추앙하는 것을 거부하는 신앙이 있기 때문이었다.

다만 구약성경에 다윗은 다윗성에 장사되었다고 기록되어 있다. 그래서 이곳에 묻혀 있다는 사실만 추정하고 있었다. 그런데 서기 1172년 예루살렘을 방문했던 듀델라 랍비 벤자민이란 사람에 의하여 다윗왕의 묘 자리가 확인되었다. 그 결과 이 자리에 다윗왕을 기념하는 묘가 들어서게 된 것이다.

마가의 다락방은 마가의 집 2층에 있었다. 다락방으로 올라가는 돌계단은 얼마나 많은 사람들이 오르내렸는지 돌계단 가운데가 움푹 패여 있었다. 다락방 내부는 고딕(gothic)식 건물로 중앙에 있는 세 개의 기둥이 고딕형 천정을 받치고 있었다. 다락방은 내가 상상했던 것처럼 크지는 않았다. 내 눈으로 보기에는 20여 평 정도 밖에 되지 않았다. 마가복음에서는 마가의 다락방을 '큰 다락방'이라 했고, 사도행전에서는 120명이 들어갈 만한 큰 방이라고 했지만 오늘날 다락방은 그렇지 않은 것 같았다. 하기야 이 건물이 예수시대로부터 1100여년이나 지난 십자군시대에 건축되었다는 사실을 감안하면 이해할 수 있을 것 같았다.

마가의 다락방은 예수가 제자들의 발을 씻긴 후, 제자들과 최후의 만찬을 나누고, 성찬예식(聖餐禮式)을 제정한 곳이다. 그리고 예수가 부활(復活)한 후에 이곳에 다시 나타나서 제자들에게 손과 발을 보이고 구운 생선 한 토막을 먹은 곳이다.(눅24:33~43) 그뿐 아니라 제자들이 성령(聖靈)을 받은 곳이기도 하다.(행2:1~4) 그 결과로 이곳은 초기 기독교 신자(信者)들의 본거지(本據地)가 되었으며 1세기에는 이곳에 교회가 세워졌다. 이른바 예루살렘교회였다. 이곳이 특별히 유명하게 된 것은 이태리 화가 레오나르드 다빈치가 이곳에서 예수가 십자가에 못 박히기 전날 밤 제자들과 만찬(晩餐)을 나누는 장면을 상상하여 그린 그림 '최후의 만찬' 때문이기도 하다.

　이 교회는 서기 70년과 135년에 있었던 두 차례의 전쟁을 겪으면서도 파괴되지 않았다. 그리고 비잔틴시대에는 더욱 확장되었으나, 서기 614년 페르시아군에 의하여 파괴되었다. 그러나 12세기에 십자군(十字軍)이 다시 재건하여 오늘에 이르고 있다. 이러한 과정 중에도 서기 1552년에는 터어키군에 의하여 이슬람교사원으로 둔갑(遁甲)하기도 하였다. 그야말로 온갖 수난을 다 겪은 다락방이었다. 그러나 마가의 다락방은 오늘날 기독교의 출발지(出發地)가 되었던 곳으로 기독교인들에게는 결코 잊을 수 없는 곳이다.

15 골고다로 가는 길

　인생은 누구나 자기의 길이 있다. 어떤 사람은 어렸을 때부터 인생의 푯대를 세워놓고 그 길을 가는 사람이 있고, 어떤 사람은 타인에 의하여 인생의 푯대를 설정하고 그 길을 가는 사람도 있다. 그런가 하면 푯대를 수시로 바꾸면서 살아가는 사람도 있다. 그런데 예수는 십자가의 길, 이 길을 가기 위하여 태어난 하나님의 아들이었다.

　십자가의 길은 예수가 로마 총독(總督) 빌라도로부터 십자가형(十字架刑)을 선고 받은 곳에서부터 골고다언덕까지 약 800m의 길을 말한다. 이 길을 라틴어로 비아 돌로로사(Via Dolorosa)라고 한다. 우리말로 번역하면 '슬픔의 길'이란 뜻이다. 그러나 '수난의 길' 또는 '십자가의 길'이라고도 부른다. 어찌 보면 예수는 슬픔의 길을 가기 위하여 이 세상에 온 사람이다. 예수는 서른 세 살의 나이에 이 길을 걸어가는 것이 인생의 마지막 길이었다. 그것도 자기가 못 박힐 십자가를 짊어지고 채찍을 맞으며 걸어가야 했고 마침내는 골고다언덕에서 십자가에 못 박혀 죽은 것이다.

　성지순례 차 예루살렘을 찾아오는 사람들은 누구나 이 길을 걷는다. 그것도 2천 년 전 예수처럼 십자가를 메고 걸어가기를 원하는 사람도 있다. 나도 그랬다. 그러나 그것을 실행할 수는 없었다. 그렇다고 아주 불가능한 일은 아니었다. 예수가 십자가를 메고 걸어갔던 금요일 오후 3시에 이곳에 오면 십자가 행진을 하는데, 그 때 순례자(巡禮者)들도 십자가를 지고 행진을 할 수 있다고 한다.

골고다로 가는 길에는 예수가 십자가를 메고 가다가 발걸음을 멈추었던 가슴 아픈 장소 열네 군데가 있다. 이것은 14세기 경 프란체스코 수도사(修道士)들이 성경에 의하여 확정한 것인데 19세기에 고고학자(考古學者)들이 검증하여 결정한 것이다. 그 장소는 오늘날 순례자(巡禮者)들이 십자가를 메고 가다가 다른 사람과 교대하는 장소로 이용되고 있다.

그런데 처음 두 군데는 안토니오성 안에 있고, 다음 일곱 군데는 슬픔의 길 도중에 있다. 그리고 나머지 다섯 군데는 성묘교회(聖墓敎會) 안에 있다. 하나님의 아들 예수는 낮고 천한 마구간에서 태어나, 가룟 유다에 의하여 은(銀) 삼십에 팔리고, 마침내는 빌라도에 의하여 십자가에 못 박힌 곳이다. 은(銀) 삼십은 그 당시 노예 한사람을 팔고 사는 돈이었으며, 십자가형은 극악무도(極惡無道)한 노예(奴隷)들에게나 행하던 형벌이었다. 그렇다면 이 얼마나 비참한 이야기인가. 그러나 예수 그리스도는 그 길이 하나님의 뜻인 줄 알고 묵묵히 걸어갔다. 그 험한 십자가를 지고…

첫 번째 장소는 슬픔의 길이 시작되는 곳이다. 기드론골짜기에서 사자문을 통과하여 약 250m 쯤 들어가면 아랍인 초등학교가 있는데, 이 초등학교가 바로 빌라도의 집무실이 있던 자리라고 한다. 이른바 예수가 재판을 받았던 빌라도의 법정이 있었던 곳이다.(눅 23:13~25). 예수 당시 건물은 찾아볼 길이 없었다. 실감이 나지는 않았지만 어쩐지 가슴이 설레기 시작하였다. 그 자리에서 예수가 빌라도로부터 사형선고(死刑宣告)를 받았다는 생각을 할 때, 나는 나 자

에케 호모 아취(이사람을 보라)

십자가의 길

신도 모르게 발걸음이 무거워지는 것을 어쩔 수가 없었다.
　두 번째 장소는 아랍인 학교 길 건너편에 있었다. 이곳은 로마 병정(兵丁)들이 예수의 옷을 벗기고 채찍질을 했던 곳이다. 그뿐 아니라 로마 병정들은 이곳에서 예수의 머리에 가시관을 씌우고 몸에는 홍포(弘布)를 입힌 다음 온갖 조롱(嘲弄)을 다 하였던 곳이다. 예수는 이곳에서부터 그 무거운 십자가를 메고 걷기 시작하였다. 현재 이곳에는 예수가 채찍질 당한 것을 기념하여 세운 '채찍질교회'가 세워져 있었다. 앞에서 말한 두 장소는 안토니오성 안에 있었으나 세 번째 장소부터 아홉 번째 장소까지는 복잡한 아랍인들의 시장 통에 있었다.
　세 번째 장소는 예수가 무거운 십자가를 지고 가다가 처음으로 넘어졌던 곳이다. 이곳에는 폴란드에서 세운 기념교회가 있었다. 교회 규모는 아주 작았지만 현관 위에 예수가 쓰러진 장면을 조각해 놓은 조형물이 눈길을 끌었다. 여기서부터 일행 중 누군가가 찬송가를 부르기 시작하였다. 나도 그 노래를 따라 부르면서 슬픔의 길을 걸어갔다.
　네 번째 장소는 예수가 십자가를 메고 가다가 그의 어머니 마리아를 만났던 곳이다. 이곳에는 1856년에 아르메니아인들이 세운 기념교회가 있었다. 역시 교회 현관 위에 있는 조각 작품이 눈길을 끌었다. 십자가를 진 예수와 마리아가 상봉하는 장면을 보여주는 조형물이었다. 너무나 인상적이었다.
　다섯 번째 장소는 예수가 십자가를 지고 힘들게 걸어가자 로마 병정이 구레네(리비아)사람 시몬에게 십자가를 대신 지게 한 곳이었다.(막15:21) 이곳에는 1895년에 카톨릭 프란체스코회에서 세운 기념교회가 있었다. 특별한 조형물은 없었으나 방패처럼 보이는 철판에 다섯 번째 장소를 알리는 숫자가 씌어져 있었다. 여기서부터 슬픔의 길은 언덕길로 변하였다.

여섯 번째 장소는 베로니카라고 하는 여인이 예수에게 손수건을 건네주었던 곳이다. 전승(傳承)에 의하면 예수가 수건으로 땀을 닦은 다음 베로니카에게 돌려 준 그 손수건에 예수의 초상(肖像)이 새겨져 있었다고 한다. 지금 이곳에는 1882년에 세운 기념교회가 있었다.

일곱 번째 장소는 예수가 두 번째로 넘어진 곳이었다. 이곳에는 1882년에 세운 두 개의 예배처소(禮拜處所)가 있었다. 여기서부터 골고다로 가는 길은 더욱 좁아지고 급경사(急傾斜)를 이루었다.

여덟 번째 장소는 십자가를 지고 가던 예수가 자기를 따라 오는 여인들에게 '나를 위하여 울지 말고, 너희와 너희 자녀를 위하여 울어라'(눅23:28)라고 말한 곳이다. 이곳에는 그리스정교회의 수도원이 있었다.

아홉 번째 장소는 예수가 십자가를 지고 가다가 마지막으로 넘어진 곳이다. 이곳은 이집트 콥트교회로 올라가는 28계단 아래에 위치하고 있었다. 골고다로 가는 길은 여기서 끝이 나고 나머지 다섯 장소는 골고다 언덕 위에 세운 성묘교회(聖墓敎會) 안에 있었다.

골고다 언덕은 본래 예루살렘성 밖에 있었으나 지금은 성 안에 위치하고 있다. 그것도 현대식 빌딩들로 둘러싸여 있었다. 그리고 골고다 언덕도 커다란 교회 건물 안에 들어가 있었다. 그 교회가 바로 성묘교회인 것이다. 성묘교회는 313년 기독교를 공인한 로마 황제 콘스탄티누스가 명하여 세위 진 뒤, 세월과 함께 온갖 수난을 다 겪으면서 오늘에 이르고 있었다.

열 번째 장소는 로마 병정들이 예수의 옷을 벗긴 곳(요19:23~24)

이고, 열한 번째 장소는 예수의 손과 발을 십자가에 못 박은 곳(눅 23~33)이다. 열두 번째 장소는 예수가 십자가 위에서 운명한 곳(마 27:45~51)이었으며, 열세 번째 장소는 아리마대 요셉이 예수의 시신을 십자가에서 내린 후 염(殮)을 한 곳(마27:59)이었다. 그리고 열네 번째 장소는 예수가 삼일 동안 묻혔던 무덤이 있던 곳(마27:60~61)이었다.

슬픔의 길은 여기서 끝이 난다. 나는 2천 년 전 예수가 이 세상에 와서 마지막으로 걸어간 길을 걸으면서 슬픔에 빠지지 않을 수 없었다. 예수가 십자가에 못 박혀서 피를 흘린 것은 누구를 위한 일이었던가. 바로 나를 구원하기 위하여 그랬던 것이 아닌가.

16 예수가 십자가에 못 박혔던 골고다언덕

예수가 십자가(十字架)를 지고 가다가 마지막으로 쓰러졌던 장소에 도착하였다. 이른바 슬픔의 길 아홉 번째 장소였다. 그곳은 예루살렘 어디서나 볼 수 있는 좁다란 골목길이었다. 다만 다른 것이 있다면 골목 양쪽 담벼락 위를 이어놓은 아치뿐이었다. 쇠로 만든 아치 상단 중앙에는 시꺼먼 십자가(十字架)가 세워져 있었다. 성묘교회는 골목길 안쪽에 있었다. 여기서부터 성묘교회(聖墓敎會)구역이었다.

성묘교회란 The Church of Sepulcher를 우리식으로 번역한 말이다. 본래는 분묘교회(墳墓敎會)란 뜻이다. 그렇다, 예수가 묻혔던 묘를 기념하기 위하여 세운 교회를 말한다. 정확하게 말하면 십자가의 길 열 번째 장소(로마 병정들이 예수의 옷을 벗긴 곳), 열한 번째 장소(로마 병정들이 예수의 손과 발에 못을 박았던 곳), 열두 번째 장소(예수가 십자가에 달렸던 곳), 열세 번째 장소(예수에게 세마포를 입혔던 곳), 그리고 열네 번째 장소(예수의 무덤이 있던 곳)등이 있다. 이 모두가 교회 건물 안에 있었다.

그런데도 다른 사건은 도외시하고 무덤을 강조한 것은 예수가 부활(復活)한 것은 인류 역사상 그만큼 중요한 사건이기 때문이다. 부

성묘교회

활은 기독교(基督敎)의 중심사상(中心思想)이다. 그러므로 기독교는 부활을 빼놓고는 말할 수가 없다. 사실 성지순례(聖地巡禮)를 가는 것도 가장 큰 목적은 예수가 부활한 현장을 보기 위한 것이다.

열 번째 장소에서 골목길을 빠져 나가니 성묘교회의 마당이 나왔다. 꽤 넓은 공간이었다. 마당에는 벌써 많은 관광객들로 붐비고 있었다. 성지(聖地) 중의 성지, 성묘교회는 주위에 있는 건물들과 이어져 있어서 어디서 어디까지가 성묘교회인지 분간할 수가 없었다.

성묘교회는 골고다(높이 13m)라는 바위 위에 세워진 교회였다. 본래는 예루살렘 성 밖에 있었으나 서기 44년 헤롯 아그립바 왕이 성을 확장할 때 이곳을 성(城) 안으로 편입했기 때문에 오늘날은 예루살렘 성내(城內)에 있다.

골고다 언덕은 예수가 죽은 뒤에도 기독교인들을 가혹하게 처형하는 형장(刑場)이었다. 그런가하면 기독교인들이 끊임없이 찾아가서 기도를 하는 성지(聖地)이기도 하다. 로마황제 히드리아누스는 서기 135년에 예루살렘을 점령하고 나서 기독교인들을 뿌리 뽑기 위하여 예수의 무덤자리에 그들이 숭배하던 쥬피터신전을 건립하였다. 이런 증오의 행위는 예수의 무덤을 후세에 증거하는 좋은 결과가 되었다.

그로부터 2백 년이 지난 서기 313년에 콘스탄티누스 황제가 기독교를 공인(公認)하였다. 종교의 자유가 허용된 것이다. 이런 역사적인 사건 뒤에는 콘스탄티누스 황제의 어머니 헬레나의 권유가 있었다. 헬레나는 기독교를 공인하자 예루살렘으로 성지순례를 떠났다. 그 당시 이런 결정을 하기란 참으로 어려운 때였다. 그런데도 헬레나가 이런 결정을 한 뒤에는 예수가 부활했던 무덤을 찾기 위한 것이었다. 예수의 무덤을 찾기는 그렇게 어려운 일이 아니었다. 로마황제 히드리아누스가 기독교를 말살하려고 예수 무덤 위에 쥬피터신전을 세워놓았기 때문이었다.

헬레나는 성지순례를 마치고 로마로 돌아와서 콘스탄티누스 황제에게 이스라엘에 세 개의 교회를 건립해 줄 것을 부탁하였다. 즉, 예수가 탄생한 베들레헴에 예수탄생기념교회와 예수가 제자들에게 주기도문을 가르쳤던 주기도문기념교회, 그리고 예수가 부활한 곳에 성묘교회를 건립하는 것이었다.

콘스탄티누스 황제는 그 어머니의 말씀대로 서기 326년 쥬피터신전을 헐고 그 위에 성묘교회를 세우도록 명령하였다. 그 결과 서기 335년에 성묘교회가 완공되었다.

그러나 성묘교회는 애석하게도 서기 614년 페르시아의 침략으로 파괴되었다. 그 뒤 아봇모디스토에 의하여 작은 규모로 교회가 재건되었으나, 1009년 칼리프 하켐이 이끄는 이슬람교 교도들에 의하여 다시 파괴되었다. 이 사건은 십자군전쟁(十字軍戰爭)을 일으키는 중요한 동기가 되었다. 그 후 1048년 콘스탄티노프 모노아쿠스에 의하여 재건되었고, 오늘날 존재하고 있는 성묘교회는 서기 1149년 십자군(十字軍)에 의하여 세워진 것이다. 그것은 십자군이 예루살렘을 탈환한 뒤로부터 49년이 지난 후였다.

1291년 이집트 이슬람군대가 십자군을 몰아내고 예루살렘을 장악하였다. 그러나 교회는 파괴하지 않았다. 그 대신 이슬람교도들은 교회를 완전히 점령하였다는 의미로 교회의 두 개 문 가운데 하나를 완전히 봉쇄하였다. 그리고 교회 문 열쇠는 자기들이 보관하기로 하였다. 그 후 성묘교회는 서기 1852년 예루살렘을 통치하게 된 터어키가 '현상유지선언'을 하여 오늘 날 6개 종파가 공동 관리하고 있다.

성묘교회는 지난날의 험난했던 역사를 말하기라도 하듯이 건물을 보수한 흔적이 너무나 많이 눈에 띄었다. 마치 누더기 옷을 입고 있는 사람처럼 보였다. 건물 외벽은 훼손(毁損)되고 변색되어 허름하기 짝이 없었다. 더구나 아무렇게나 봉해버린 한쪽 문은 마치 애꾸눈처럼 흉하게 보였다. 아직도 건물 열쇠는 이슬람교에서 관리하고 있다는 것을 생각할 때, 나는 나도 모르게 몸에서 전율 같은 것이 느껴졌다. 두 문이 활짝 열리는 그 날이 빨리 오기를 기다릴 뿐이다.

성묘교회 안으로 들어가서 왼쪽으로 계단을 밟고 올라가자 천주교(天主敎)에서 관리하고 있는 제단(祭壇)이 나왔다. 예수가 십자가(十字架)에 못 박혔던 자리라고 한다. 말하자면 골고다 언덕의 정상이었다. 그곳은 처절한 분위기와 함께 뭔가 엄숙한 느낌이 들었다. 이곳에서 예수가 나를 위하여 옷 벗김을 당하고, 채찍질을 당하고, 그리고 십자가에 못 박혔다는 사실을 생각을 할 때 저절로 고개가 숙여져서 감사기도(感謝祈禱)를 드렸다. 가슴에서는 아까부터 뭔가 멍울 같은 것이 너울대고 있었다.

옆으로 자리를 조금 옮기니 십자가를 세웠던 자리가 나왔다. 제단(祭壇)앞 탁자 밑에 십자가(十字架)를 세웠던 구멍이 보였다. 그리고 제단 위에는 예수가 커다란 십자가 위에서 못 박힌 채 나를 내려다보고 있었다. 그 순간 가슴 속에서 멍울져 있던 것이 불끈 치솟아 오르면서 눈물이 와르르 쏟아졌다. 아, 아……

그곳에서 계단을 밟고 아래로 내려가니 예수의 시신을 세마포(細麻布)로 쌌던 곳이 나왔다. 우리 식으로 말하면 염(殮)하던 곳이었다. 이곳에는 먼저 온 어떤 서양 여인이 눈물을 닦으며 울고 있었다. 내가 그곳에 더 있으면 나도 그 여인처럼 눈물이 나올 것 같아서 더 이상 그곳에서 머무를 수가 없었다.

마지막으로 사람들을 헤치면서 예수의 무덤이 있었던 장소로 갔

시대에 누워있는 예수

다. 예수가 2천 년 전 부활했던 곳이다. 요한복음 19장 41절에 의하면 "예수의 십자가 못 박히신 곳에 동산이 있고, 동산 안에 아직 사람을 장사한 일이 없는 새 무덤이 있는지라 이 날은 유대인 예비일이요, 또 무덤이 가까운 고로 예수를 거기 두니라"라고 하였다. 이것은 예수가 아리마대 사람 요셉이 만들었던 무덤에 묻힌 것을 표현한 글이다.

예수가 부활(復活)했던 현장에는 기념제단(記念祭壇)이 있고 방이 두 개로 되어 있었다. 하나는 대기실(待機室)이고 하나는 묘실(墓室)이었다. 그 앞에는 수염이 덥수룩한 그리스정교회 신부(神父)가 출입을 통제하고 있었다. 묘실에는 두 사람씩 들여보내는데 내 앞에 들어간 사람들은 시간이 지나도 나오지 않았다. 신부(神父)는 보다 못해 그중 한 사람을 불러냈다. 그 바람에 나는 묘실로 들어갔는데 그 때까지도 수녀(修女)는 그곳에서 울며 기도를 하고 있었다.

나는 옷깃을 여미고 묘실로 들어가 무릎을 꿇고 사도신경(使徒信經)으로 신앙고백(信仰告白)을 하였다. 그 사이 나도 눈물이 쏟아졌다. 참으려고 애써도 소용이 없었다. 나는 눈물을 몰래 닦고 나오려는데 수녀도 눈물을 닦고 있었다. 그 순간 서로 눈이 마주치자 그는 나에게 미소를 보내주었다. 나도 그에게 미소를 보내놓고 그곳을 빠져나왔다. 나는 예수가 부활했던 현장에서 옛날 신자(信者)들처럼 나의 신앙을 사도신경으로 고백한 것을 잊을 수가 없다. 그 때를 생각할 때마다 가슴이 뿌듯한 미소가 떠올랐다.

17 예수가 승천한 감람산

예루살렘에서 동쪽으로 1km 정도 떨어져 있는 감람산에 올랐다. 감람산은 해발 약 814m에 위치하고 있었다. 그럼에도 불구하고 버스로 올라왔기 때문인지 감람산이 높은 산이라고 생각이 들지는 않았다. 감람산은 감람나무(올리브나무)가 많은 산이기 때문에 붙여진 이름이다.

역사적으로 보면 BC 985년 경 다윗이 압살롬의 난을 피하여 백성들과 함께 얼굴을 가리우고 맨발로 울며 올라가던 산이고, BC 518년 경에는 선지자(先知者) 스가랴가 예루살렘의 멸망을 예언(豫言)했던 곳이기도 하다.

신약시대에는 예수가 예루살렘 성전(聖殿)으로 가서 하나님 말씀을 가르치고, 밤이 되면 감람산으로 돌아와서 기도를 하며 쉬던 곳이다. 그리고 제자들에게 주기도문을 가르치고 예루살렘의 멸망(滅亡)을 예언하며 눈물을 흘리던 곳이다. 그런가하면 예수가 제자들과 다락방에서 최후의 만찬(晩餐)을 마친 뒤에 쓸쓸하게 돌아왔던 곳이고, 가롯 유다의 배반으로 유대 종교지도자들에게 붙잡혀 갔던 곳이며, 또한 십자가에 못 박혔다가 부활한 뒤에 승천(昇天)했던 곳이다. 이처럼 감람산은 예수의 생애(生涯)와 밀접했던 산이다.

이천 년 전 예수 그리스도가 자주 오갔던 감람산 정상에 오르고 보니 가슴이 설레는 것을 어찌할 수가 없었다. 뜨거운 감회가 가슴 속에서 메아리쳤다. 서쪽으로 예루살렘성이 손에 잡힐 듯 보이고 이슬람사원(寺院)의 황금돔이 눈부시게 빛났다. 그리고 그 아래로 기드론 골짜기가 우울한 모습을 하고 있었다. 예수가 예루살렘에서 감람산을 오가던 이 골짜기는 겟세마네동산에 기도하러 갈 때도 대제사장(大祭司長) 가야바의 집으로 끌려갈 때도 지나갔던 골짜기이다.

비록 오래된 옛적 일이지만 예수의 행적(行蹟)이 눈에 들어오는 듯하였다. 그리고 무고(誣告)하게 십자가(十字架)에 못 박혔던 예수를 생각할 때 발걸음을 옮길 때마다 발걸음이 무겁지 않을 수 없었다.

감람산에서 제일 먼저 들린 곳은 예수승천교회(예수昇天教會)였다. 예수승천교회는 예수가 부활(復活)하였다가 40일째 되는 날 500여명이 지켜보는 가운데 하늘로 올라갔다는 지점(地點)에 세워진 교회였다. 예수승천교회는 얼른 보아서 교회라고 하기 보다는 바닷가에 있는 등대(燈臺)처럼 보였다. 팔각형으로 된 2층 건물 위에 이슬람식 둥근 돔이 올려져 있었다.

이 작은 교회 안으로 들어가니 바닥에 조그만 바위가 보였다. 그 바위는 유리관으로 보호하고 있었는데 자세히 들여다보니 사람 발자국 같은 형상이 눈에 들어왔다. 예수가 승천(昇天)할 때 남긴 발자국이라고 한다.

이 교회는 예수가 승천한 것을 기념하기 위하여 서기 380년 경 지붕 없이 팔각형으로 지었다가 그 후 십자군(十字軍)이 다시 수축(修築)하였다. 그러나 예수승천교회는 1187년 이슬람교도들에 의하여 돔 형태의 지붕이 씌워졌다. 그런데 그 지붕이 너무나 어색하게 보였다. 나는 아무래도 지붕을 걷어내는 것이 좋겠다는 생각을 하면서 교회를 나왔다.

예수승천교회 밖에는 몇 가지 기념품과 함께 성지(聖地)를 소개하는 책자를 팔고 있는데 그 가운데는 한글로 된 책자도 있었다. 책에 실려 있는 사진이나 내용은 조잡(粗雜)하기 짝이 없었지만 나는 보물(寶物)을 발견하기나 한 것처럼 얼른 그 책을 사서 가방에 넣었다. 이스라엘에서 영어나 불어로 된 책과 함께 나란히 놓여 있는 그 책이 마치 우리 국력(國力)이 미국이나 프랑스와 어깨를 나란히 하고 있는 것처럼 느껴졌기 때문이다. 나는 우리 한글로 만들어진 책들이 더 널리 더 많이 퍼져 나가기를 기원하였다.

감람산 서편에 있는 '주의 눈물교회'로 가는 길가에는 수많은 무덤들이 보였다. 마치 석관(石棺)을 전시해 놓은 전시장(展示場)처럼 보였다. 크고 작은 무덤들이 그야 말로 장관을 이루고 있었다. 알고 보니 유대인들의 공동묘지(共同墓地)였다.

이곳은 이스라엘에서 가장 오래 되고 가장 큰 공동묘지가 된다. 그것은 유대인들이 메시아가 재림(再臨)할 때 이곳으로 재림하고 이곳에서 마지막 심판(審判)을 행할 곳으로 여기기 때문에 이처럼 많은 무덤들이 이곳에 모인 것이다. 이스라엘 사람들은 누구나 자기들이 죽으면 모두 이곳에 묻히기를 원한다. 그것은 유대교인이나 기독교인은 물론 이슬람교도까지 같은 믿음을 가지고 있어서 이 골짜기는 무덤의 골짜기를 이루고 있었다.

이것은 뒤에 안 일이지만 유대인 공동묘지 아래에 있는 기드론 골짜기에는 야곱의 무덤과 함께 압살롬왕의 무덤, 그리고 선지자 스가랴의 무덤도 있었다. 우리나라 사람들의 관념으로 생각하면 이곳은 유대인들이 생각하는 명당(明堂)인 셈이다.

비탈길을 돌아서 내려오니 오래된 고목(古木)들 사이로 특이한 형

주의 눈물교회

예수승천기념교회

태의 교회가 보였다. 교회 입구에서 교회에 이르는 길은 감람나무와 주엽나무, 가시나무 등 성서에 나오는 나무들이 서늘한 그늘을 만들어 주며 우리들을 반기고 있었다.

교회는 눈물을 연상케 하는 모습을 보여주고 있었다. 교회 이름은 도미누스 플레빌교회였다. 우리말로 옮기면 주의 눈물교회였다. 이런 이름이 붙게 된 것은 예수가 종려주일(棕欄主日)에 예루살렘으로 가다가 이곳에서 앞으로 다가올 대환난(大患難 : 서기 70년)을 예견하고 눈물을 흘린 것을 기념하기 위하여 세웠기 때문이다. 예수는 장차 파괴될 예루살렘 성전(聖殿)를 바라보며 "예루살렘아, 예루살렘아…"하고 부르짖으면서 통곡(痛哭)을 했던 곳이다.

본래는 4세기경에 이곳에 수도원(修道院)이 세워졌으나 곧 파괴되었다. 그 후 1881년 프란시스코수도회에서 수도원을 다시 건립되었으나 또다시 파괴되었다. 현재의 교회는 1955년 이탈리아 건축가 안토니오 바르루치(Antonio Bariuzzi)가 설계하여 완성한 건물이다. 이 교회 지붕은 예수가 눈물을 흘린 것을 상징하기 위하여 눈물 모양의 형태를 하고 있었다.

성전 안으로 들어가려고 하니 신부(神父)인 듯한 관리인이 우리를 정중하게 맞이하였다. 성전(聖殿) 안에 있는 성구(聖具)들은 그 하나하나가 엄숙한 분위기를 연출하고 있었다. 갑자기 마음이 편안해지는 것을 느꼈다. 무엇보다 순례자의 마음을 끄는 것은 창문으로 보이는 예루살렘성이었다. 그러나 그곳에서는 이슬람사원(寺院)인 황금돔만 눈에 들어왔다. 나는 황금돔을 바라보며 지난 날 대 환난 시에 파괴 되었던 예루살렘 성전을 다시 생각하게 되었다.

당시 예수는 종교적으로 타락한 유대사회와 장차 다가 올 대 환난을 내다보았다. 하나님의 아들이 아니고는 상상할 수 없는 일이었다. 그러나 그 당시 종교지도자들은 그러한 안목(眼目)이 없기 때문에 예수가 흘린 눈물의 의미를 몰랐다. 그리하여 그들은 마침내 예수를 십자가(十字架)에 못 박고 말았던 것이다. 그 후 예루살렘은 돌 하나까지도 남기지 않고 완전히 파괴되고 이스라엘 민족은 전 세계로 흩어졌던 것이다. 이스라엘 백성들은 자기들의 운명이 이럴 줄을 어찌 알았으랴. 역사는 항상 지난 뒤에 후회하기 마련이다.

18 비극의 요새 마사다

예루살렘에서 마지막 밤을 보냈다. 우리를 태운 버스는 마사다(Masada)를 향하여 출발했다. 유대광야와 쿰란을 지난 뒤부터는 사해(死海)를 옆에 끼고 남쪽으로 달렸다. 쿰란에서 1시간 쯤 달렸을 무렵 오른쪽에 마치 절구통을 엎어놓은 것 같은 민둥산이 보였다. 얼른 보아도 마사다라는 것을 짐작할 수 있었다. 천연적인 요새(要塞)였다.

마사다에 오르기 전에 박물관(博物館)을 겸한 영상실로 갔다. 거기서 여러 가지 유물(遺物)도 보고, 마사다에 대한 역사와 발굴과정을 영상으로 보았다. 쿰란에서도 그랬지만 영상자료를 보고 있노라면 나 자신도 모르게 영상 속으로 빠져 들어가고 만다. 그만큼 이스라엘의 영상자료는 현장감이 뛰어났다.

마사다는 사방이 절벽으로 이루어져 있었다. 높이가 사해(死海) 수면에서 434m나 되는데 풀 한 포기 나무 한 그루 볼 수 없는 황갈색 암석으로 되어 있었다. 마사다를 오르는 방법으로는 케이블카를 타고 오르는 방법이 있고, 다른 하나는 도보로 올라가는 방법이 있었다. 우리는 케이블카를 타고 올라갔다.

마사다 정상은 대체로 평편하였다. 길이는 약 600m, 폭은 약 240m

가량 되었다. 절벽 끝에는 지난날의 슬픔을 말해주기라도 하는 듯이 무너진 성벽이 그대로 있었다. 다만 광장(廣場) 한쪽에 이스라엘 국기가 힘차게 펄럭이고 있었다. 마치 이스라엘 국민의 애국심을 대변하기라도 하는 듯이.

마사다에 처음으로 요새를 만든 사람은 대제사장(大祭司長) 요나단이었다. 그 후 피해망상증(被害妄想症)에 걸린 유대왕 헤롯(BC 37~AD 4)이 요새를 견고하게 수축하였다. 자기를 배척하는 사람들을 두렵게 여긴 나머지 마사다를 요새궁전(要塞宮殿)으로 만들었다. 유사시(有事時)에 자신이 피난하기 위한 곳이었다.

헤롯은 먼저 마사다 정상에 성벽을 쌓았다. 그런 다음 식량창고(食糧倉庫)와 무기고(武器庫)와 저수장(貯水場)과 생활에 필요한 온갖 편의시설(便宜施設)을 다 만들었다. 그런 다음 마사다 북쪽 절벽 중턱에 계단 모양의 3층 궁전(宮殿)을 만들었다. 이 궁전은 모형만 보아도 아름다웠다. 거기다가 호화로운 궁전이 절벽 끝에 아슬아슬하게 걸쳐 있는 것 같아서 보는 이로 하여금 경탄(驚歎)을 금치 못하였다고 한다. 헤롯 궁전(宮殿)은 에메랄드빛 사해(死海)를 내려다보고 있었다. 요새도 이런 요새는 없을 것 같았다. 그러나 헤롯 생전에 마사다는 요새로서 기능을 발휘한 일이 한 번도 없었다.

서기 70년부터 마사다는 3년 동안 피비린내 나는 전쟁터가 되고 말았다. 서기 66년, 이스라엘 백성들은 로마제국의 학정(虐政)을 견디다 못해 반기(反旗)를 들고 일어났다. 독립운동은 5년간이나 계속되었다. 로마 장군 디도가 결사항전(決死抗戰)하는 이스라엘군을 진압한 것은 서기 70년 8월이었다. 디도 장군은 이스라엘 전국토를 점령하고 예루살렘을 함락시킨 뒤 예루살렘을 샅샅이 파괴하였다. 예루살렘 성전이 불탄 것도 이때이고 이스라엘 백성들이 추방(追放)당

비극의 전쟁터 마사다

마사다 정상

한 것도 이때였다.

예루살렘에서 끝까지 항전하던 이스라엘 군인들은 예루살렘을 빠져나와 마사다로 집결하였다. 지도자는 엘리아자르 벤 야이르(Eleazar ben Yair)였다. 벤 야이르는 마사다에 진(陣)을 치고 게릴라전을 전개하였다. 로마 제국은 이를 진압하기 위하여 실바(Silva)장군이 지휘하는 제10여단으로 하여금 마사다를 공격하게 하였다.

그러나 로마 최강의 제10여단도 지형이 불리함은 어찌할 수가 없었다. 로마 군대는 3년 동안 마사다를 포위하고 공격하였으나 계속 실패만 거듭하였다. 실바 장군은 죄수들을 시켜 서쪽 성벽 아래서부터 흙을 쌓아 올리기 시작하였다. 전차가 올라갈 수 있는 경사로를 만들기 위한 것이었다. 로마군은 온갖 노력 끝에 드디어 경사로를 만들었다.

서기 73년 5월 로마군이 총공격을 개시하기 전날 밤이었다. 벤 야이르는 마사다가 로마군에 의하여 함락 될 것을 예감하고 결단을 내렸다. 그는 요새 안에 있는 사람들을 모두 한자리에 불러 모았다. 그리고 비장하게 연설을 시작하였다.

"인간의 고통은 삶이지 죽음이 아니다. 우리들 앞에는 죽음이 기다리고 있다. 이는 겁쟁이든 용감한 사람이든 예외가 없다. 우리가 저들의 노예(奴隷)가 되는 것을 생각하여 보았는가. 우리 아내들이 능욕을 당하고 우리의 자식들이 노예생활을 하는 것을 생각하여 보았는가. 지금, 우리의 손 안에는 칼이 있고 우리 손에 자유(自由)가 있을 때, 우리는 우리의 아내들과 자식들 앞에서 영광(榮光)스럽게 자유를 선택하여 죽자. 서둘러야 한다. 저들에게 승리의 기쁨을 넘겨주지 말고, 대신 목숨을 끊은 우리들의 시체를 넘겨주자. 영원한 명예는 우리들의 것이 될 것이다."

마사다의 용사 960명은 모두 벤 야이르의 말을 따르기로 하였다. 그들은 비장(悲壯)한 마음으로 가족들 앞으로 다가가서 가족들과 포옹(抱擁)하고 나서 칼로 가족들을 먼저 죽였다. 이제 남자들만 남았다. 그들은 그들 가운데 제비를 뽑아서 나머지 사람들을 죽일 사람 열 명을 뽑았다. 그리고 그들 열 사람은 나머지 사람들을 모두 죽였다. 나머지 열 사람은 다시 한 자리에 모였다. 그들은 다시 제비를 뽑아서 아홉 사람을 죽일 한 사람을 뽑았다. 그 한 사람은 아홉 사람을 모두 죽였다. 마지막 남은 사람은 시체들을 둘러본 다음 성안에 불을 지르고 가족들 옆으로 가서 자결(自決)을 하였다. 다만 식량창고(食糧倉庫) 하나는 불을 지르지 않고 남겨 두었다. 그것은 자기들의 죽음이 먹을 것이 없어서 죽은 것이 아니라는 것을 로마군에게 알리려고 한 것이었다.

다음날 새벽 로마군은 아무런 저항 없이 마사다를 점령하였다. 성안에는 고요한 정적과 함께 960명의 시신(屍身)이 기다리고 있었다. 로마군은 승리의 기쁨보다는 실망감이 더 컸다. 그야말로 허울 좋은 승리였다.

이러한 역사적인 사실은 당시 이스라엘의 사학자 요세푸스(Josephus)가 남긴 기록이다. 그렇다면 요세푸스는 어떻게 이러한 사실을 알았을까. 그것은 로마군대가 마사다를 점령하였을 때 2명의 여자와 5명의 어린이가 동굴 속에 숨어 있었다. 이들이 마사다의 최후를 목격한 증인들이다. 요세푸스는 그들의 증언을 듣고 그의 저서 "유대인 전쟁기"에 기록하여 후세에 전한 것이다. 요세푸스는 이어서 다음과 같이 더 적고 있다.

"그러나 적군들로부터 받아내려고 하였던 항복(降伏)의 기쁨은 사라져 버렸고, 로마군들은 유대인들의 마음속에 뿌리 내려져 있는 용기(勇氣)와 꿋꿋한 기개(氣槪)를 기렸으며, 거룩한 명분(名分)을 위하여서는 죽음도 마다하지 않았던 그들의 행동에 놀라움을 금치 못하였다. 로마군에게 이 싸움의 승리는 빈껍데기뿐이었다."

마사다는 오늘날 이스라엘 신병 훈련의 마지막 코스로 행군(行軍)을 하는 곳이다. 이 날도 산 아래에서는 완전무장(完全武裝)을 한 군인들이 줄을 지어 가파른 길을 오르고 있었다. 자세히 보니 여군(女軍)들이 남자군인들보다 더 많은 것 같았다. 조국을 사랑하는 몸짓은 어디서나 아름답다. 그들이 있는 한 이스라엘은 지난날의 비극을 반복하지 않을 것이다.

19 모리아산과 통곡의 벽

성지순례(聖地巡禮)를 떠나면서 관심의 대상은 두 가지가 있었다. 그 하나는 예수가 십자가(十字架)에 못 박혔던 골고다 언덕이었고, 다른 하나는 믿음의 조상이라고 하는 아브라함이 하나님의 말씀을 듣고 아들을 제물(祭物)로 드리려고 하였던 모리아산이었다.

하나님이 아브라함에게 이삭을 번제물(燔祭物)로 바치라고 말한 것은 하나의 시험이었다. 하나님은 아브라함의 믿음을 보기 위한 것이었다. 아무리 믿음이 좋다고 한들 사랑하는 아들, 그것도 백 살에 얻은 아들을 바칠 수 있을까. 그러나 아브라함은 하나님 말씀에 순종하였다. 그 결과 아브라함은 하나님으로부터 선민(選民)이란 언약(言約)을 받고 놀라운 복(福)을 누리었다. 그뿐 아니라. 세계 3대종교(三大宗敎)인 기독교 유대교 이슬람교 어느 종교에서나 존경 받는 인물이 되었다.

아브라함이 이삭을 번제물로 드리려고 하였던 곳은 모리아산 위에 있는 바위였다. 이 바위가 앞에서 말한 3대종교의 연원(淵源)이 되는 곳이다. 그리고 하나님이 요구하는 믿음이 무엇인가를 보여주는 신앙의 모델이 되는 곳이다.

오늘날 모리아산을 성전산(聖殿山, Tample Mount)이라고 한다.

그것은 예루살렘 성전(聖殿)이 그곳에 있었기 때문에 그렇게 부르는 것이다. 모리아산에는 세 개의 성전이 있었다. 첫 번째 성전은 BC 958년에 착공하여 7년 후에 완공한 솔로몬의 성전이다. 이 성전은 BC 587년에 바벨론의 느부가넷살에 의하여 파괴되었다. 두 번째 성전은 바벨론에 포로로 끌려갔던 이스라엘 백성이 귀국하여 선지자(先知者) 학개와 스가랴의 격려로 BC 515년에 완공한 스룹바벨의 성전이다. 이 성전도 BC 169년 수리아 에피파네스에 의하여 파괴되었다. 그 후 마카비에 의하여 다시 재건되었으나, BC 165년 로마군에 의하여 또다시 파괴 되었다. 세 번째 성전은 헤롯대왕이 BC 20년에 착공하여 서기 64년에 완공한 헤롯의 성전이다. 이 성전은 서기 70년 로마군이 예루살렘을 점령했을 때 파괴되었다. 로마의 디도 장군은 로마제국의 위대함을 과시하려고 예루살렘을 철저하게 파괴하고 서쪽에 있는 벽만 남겨 두었다.

그 뒤 이스라엘은 400여 년 동안 오스만 터기의 지배 아래 있었다. 그러다가 서기 1917년부터 1947년까지는 영국의 통치를 받았다. 서기 1948년 이스라엘은 팔레스타인 땅에 독립국가를 건국(建國)하였으나 예루살렘은 요르단의 영토가 되었다. 서기 1967년 6월 5일 이른바 6일 전쟁이 일어나자 이스라엘은 정예부대를 투입시켜 예루살렘부터 먼저 탈환하였다. 그 결과로 예루살렘은 이스라엘 영토 안에 있게 되었으나 이로 인하여 분쟁은 끊이지 않고 있다.

예루살렘 성전이 있던 자리에는 바위사원(The Dome of the Rock)이라고 하는 이슬람교 사원(寺院)이 세워져 있다. 이 사원을 바위사원이라고 부르는 것은 사원 안에 길이 13.5m, 폭 18m, 높이 1.8m 되는 바위가 있기 때문이다. 이 바위가 바로 아브라함이 이삭을 번제물(燔祭物)로 드리려고 하였던 바위다. 이 사원(寺院)은 서기 691년

통곡의 벽

칼리프 압둘 마리크가 팔각형으로 아름답게 건립하였다. 바위사원은 서기 1099년부터는 십자군(十字軍)이 교회로 사용하기도 했으나, 서기 1187년부터는 이집트 왕자 살라딘이 다시 점령하여 이슬람교 사원이 되었다. 이슬람교에서 이곳을 성지로 여기는 것은 아브라함이 하나님께 번제물로 드리려고 하였던 아들이 이삭이 아닌 이스마엘이었다고 믿고, 또 하나는 마호메트가 이 바위에서 승천(昇天)하였다고 믿기 때문이다.

이 사원을 일명 황금사원(黃金寺院)이라 부르기도 하는데 그것은 서기 1964년 요르단 국왕이 금 80kg에 해당하는 150만 달러를 바위사원에 희사(喜捨)하여 지붕을 금빛으로 도금한 뒤부터이다. 유네스코에 세계문화유산으로 등재된 황금사원은 아름답게 장식한 지붕과 다양한 색채를 발하는 스테인드 글라스, 그리고 화려하게 장식한 모자이크가 어우러져 신비한 색채로 경건한 분위기를 연출하고 있다. 그러나 오늘날 바위사원 앞에는 늘 삼엄한 분위가가 조성되고 있으며 이슬람교도가 아니면 출입이 통제 되고 있다.

그래서 모리아산 답사는 좌절되었다. 3대 종교가 모두 평화를 구호처럼 웨치고 있지만 3대 종교의 근원지라고 할 수 있는 모리아산에서는 정작 평화가 없었다. 이처럼 모순된 진리를 머릿속에서 되새기며 멀리서 바라보는 것으로 만족하여야 했다.

예루살렘 성전 서쪽에 있는 통곡(痛哭)의 벽으로 갔다. 통곡의 벽은 헤롯이 성전을 건축할 때 쌓았던 외벽의 일부인 서벽(西壁)을 말한다. 로마군이 서기 70년 이스라엘을 점령 하였을 때 유일하게 남겨 놓았던 곳이다. 이스라엘 백성들은 그 후 나라를 잃고 전 세계를 떠돌아다니며 살았으나 예루살렘에는 발끝도 들여 놓지 못하였다. 그러다가 비잔틴시대(AD 330~634)에 이르러 성전(聖殿)이 파괴 되었던 날, 그 날 단 하루만 예루살렘을 방문할 수 있도록 허용하였다. 이날 이스라엘 백성들은 성전과 가장 가까운 서벽으로 몰려가서 나라와 성전을 잃은 슬픔을 억누르지 못하고 통곡을 하며 기도를 하였다. 그 때문에 서벽을 통곡의 벽이라고 한다. 그래서 통곡의 벽에는 이스라엘 백성들이 2천년 동안 부르짖었던 이스라엘 민족의 한(恨)과 소망(所望)이 쌓여 있는 곳이다.

우리 일행이 마침내 통곡의 벽으로 들어가는 게이트에 이르렀다. 삼엄한 분위를 피부로 느낄 수 있었다. 우리 일행은 일렬로 줄을 서야 했고 소지품은 공항에서 게이트로 나갈 때처럼 X레이 검색을 받아야 했다. 검색을 하는 이스라엘 경찰들의 눈과 손이 여간 민첩하지 않았다. 일순간이나마 긴장하지 않을 수 없었다.

게이트를 통과하자 칙칙한 건물들이 보이고 많은 사람들이 눈에 들어왔다. 어쩐지 살벌한 느낌마저 들었다. 이스라엘 백성들이 2천년 동안 나라를 잃고 방황하다가 1년에 한 번씩 찾아와서 그 슬픔을 쏟아 놓았다는 것을 생각할 때에 머릿속이 뒤숭숭해지기 시작하였다. 그런 머릿속 분위기를 억누르며 걸어가는데 앞에서 이스라엘 랍비들이 무리를 지어 걸어오고 있었다. 검정 제복에 검정 모자를 쓴 그들이 어쩐지 우주 어느 곳에서인가 찾아온 이방인(異邦人)들처럼 느껴졌다.

통곡의 벽 앞은 큰 광장(廣場)이었다. 광장 중앙에는 다윗별이 그려진 이스라엘 국기가 펄럭이고, 그 앞에서는 많은 사람들이 국기와 통곡의 벽을 배경으로 기념사진을 찍고 있는 모습이 보였다. 그 뒤로 통곡의 벽 앞에서는 많은 사람들이 줄을 지어 서서 기도하고 있는 모습도 보였다. 그야말로 장관(壯觀)을 이루고 있었다.

통곡의 벽 앞은 남녀가 따로 기도하도록 분리되어 있었다. 내가 서

서히 벽 쪽으로 걸어가노라니까 관리인처럼 보이는 사람이 나를 향하여 "키파, 키파!" 하고 소리를 질렀다. 그 사람 앞으로 가까이 다가갔더니 종이 모자를 주었다. 그러고 보니 이스라엘 사람들은 머리에 빵떡모자 비슷한 모자를 썼고, 이방인들은 종이 모자를 쓰고 있었다. 이렇게 모자를 쓰는 것은 하나님 앞에 나갈 때 경의를 표하는 것이라고 한다.

통곡의 벽은 높이가 18m, 길이는 60m나 되었다. 벽 앞으로 가까이 가보니 벽을 쌓은 돌이 예사롭게 보이지 않았다. 그 옛날 어떻게 이런 돌을 쌓아 올렸는지 믿어지지 않았다. 벽 앞에서 남들처럼 이마를 벽에 대고 기도를 하려니까 돌 틈 사이에 꽂아놓은 기도문들이 눈에 들어왔다. 나도 얼른 펜과 종이를 꺼내어 "이스라엘에 평화를, 한국에도 평화를"이라고 쓴 다음 돌틈 사이에 꽂아 놓고 기도를 했다. 정말로, 정말로 평화를 위하여 두 손 모아 기원하였다.

터키

20 위치도 알 수 없는 버가모교회
21 땅속에 매몰된 두아디라교회
22 아르데미스신전에 붙어있는 사데교회
23 지하에 숨은 도시 빌라델피아교회
24 황무지가 되어 버린 라오디게아
25 사도 요한이 칭찬한 서머나교회
26 셀축, 사도 요한기념교회
27 에베소교회는 어디 있나
28 바울기념교회가 있던 비시디아 안디옥
29 갑바도기아의 지하도시

20 위치도 알 수 없는 버가모교회

어제는 밤늦게 디킬리(dikili)라는 곳에 도착하여 일박을 했다. 아침에 일어나 보니 콘도와 호텔이 밀집한 휴양도시였다. 야자수가 숲을 이루어서 쾌적한 분위기를 연출하고 있었다. 그러나 우리 일행은 주변 경관을 둘러 볼 사이도 없이 호텔을 나왔다.

오늘은 소아시아 일곱 교회 가운데 첫 번째로 버가모교회를 찾아가는 날이다. 버가모교회로 가는 길은 한동안 올리브나무가 이어졌다. 그러나 도로가 왼쪽으로 꺾이면서 산과 들판을 번갈아 보여주다가 볼품없는 골짜기를 달리고 있었다. 일행들은 지루한 느낌이 들었는지 한 사람씩 꿈나라로 가고 있었다.

나는 성경을 꺼내서 요한계시록을 읽으며 2천여 년 전 버가모교회를 생각하였다. 그 당시 버가모는 큰 도시였다. 그러나 세월이 흐르면서 버가모는 점점 쇠락(衰落)하고 도시 이름도 버가모(Pergamum)가 베르가마(Bergama)로 바뀌어 현재에 이르고 있다. 버가모는 터키의 역사가 그랬던 것처럼 이민족(異民族)의 지배 아래 수난의 역사를 거듭하여 왔다. 히타이트시대(BC 2000~700), 페르시아제국시대(BC 900~334), 그리스시대(BC 334~31), 로마제국시대(BC 31~AD 396), 비잔틴시대(AD 396~1453), 오스만터키시대(AD

1453~1922)를 거치는 동안 시대에 따라 다양한 문화 속에 고달픈 세월을 보냈다.

버가모는 그리스시대에는 버가모왕국의 수도(首都)로 번영을 누려왔다. 우리나라 역사로 따지면 단군조선시대와 같은 시기이다. 그런데도 그 당시 버가모에는 도서관(圖書館)과 정신요법병원(精神療法病院)과 같은 시설이 있었다고 한다. 버가모는 860년간 소아시아 지역의 중심도시였으며 기독교가 융성했던 도시였다.

성경에 의하면 버가모교회(계2:12~17)에는 안디바(Antipas)라고 하는 충성된 종이 순교한 곳으로 지적되고 있다. 그러나 발람(Balaam)과 같은 거짓 선지자도 나타나고 니골라당과 같은 이단세력이 등장하여 사도 요한이 책망한 것을 보면 영적으로 타락한 도시였던 것 같다.

멀리 버가모가 보였다. 산꼭대기에 그 옛날의 도시 흔적을 보여주는 석조물들이 햇빛을 받아 모습을 드러내고 있었다. 그리고 산 아래 허리 부분에는 기다란 성곽(城郭)이 보이고, 산자락에는 건축물의 잔해(殘骸)들이 널려 있었다. 지금은 이렇게 폐허로 변하였지만 아직도 아크로폴리스신전과 버가모왕국의 유적(遺跡)들이 그 옛날의 영화(榮華)를 보여주고 있었다.

버스가 멈춘 곳은 허물어지다가 잠시 멈춘 것 같은 웅장한 건물 앞이었다. 버가모에 남아 있는 유일한 교회 유적이라고 하였다. 이 건물은 붉은 사암(砂巖)으로 건축하였는데 벽 두께가 무려 2m가 넘는 것 같았다. 건물의 일부지만 오랜 세월이 흘렀는데도 이렇게 견고한 모습으로 버티고 있다는 것을 생각할 때 만감(萬感)이 교차하는 것을 어쩔 수 없었다. 이 교회가 성서 속에서 말하는 버가모교회일 것이라고 생각했지만 터키인들은 크즐 아블루라 부르고 있었다. 단순

버가모교회

이 붉은 건물이란 뜻이다.

전하는 말에 의하면 이 건물은 서기 2세기경에 이집트 세라피스 신을 모신 신전(神殿)으로 지어졌다고 한다. 이 신전의 규모는 가로 100m, 세로 200m, 높이가 20m나 되었다. 현재 남아있는 상태로 보아 제 모습을 갖추고 있을 때는 그 규모가 얼마나 웅장했던가를 알 수 있을 것 같았다. 흥미를 끄는 것은 이 신전 아래에 셀리누스(Selinus)강물이 흐르고 있다는 사실이다. 직경이 9m 되는 토관 2개를 묻어서 물이 흐르게 하고 그 위에 대리석으로 바닥을 깔고 신전(神殿)을 건축한 것이다. 이런 점으로 미루어 보아 이곳이 특별한 지역이었음을 알 수 있었다.

서기 395년 비잔틴시대를 맞이하면서 이 신전은 기독교(基督敎) 교회로 사용하였다. 그러나 1071년 셀주크 터기가 버가모를 점령하면서 이 건물은 기독교 교회로서 기능을 잃고 이슬람교 교도들이 주인이 되었다.

지금도 무너진 건물 한쪽에는 이슬람교 교도(敎徒)를 위한 기도처(祈禱處)가 있다. 건물 잔해는 폐허 상태로 방치되어 있고, 허물어진 건물 주변에는 부서져 내린 돌기둥 같은 것이 아무렇게나 뒹굴고 있었다. 버가모에서 요한계시록에 나오는 버가모교회의 정확한 위치는 찾을 길이 없었다. 다만 비잔틴시대 버가모교회가 676년간 융성했던 기독교의 흔적을 보는 것으로 만족할 수밖에 없었다. 그러나 이처럼 오랜 역사를 가진 교회가 이슬람교의 등장으로 하루 아침에 명맥마저 끊기고 말았다는 점을 생각할 때 아쉬운 점이 너무 많았다.

버가모는 역사적으로 기록할 만한 것이 너무 많았다. 과거 버가모 문화가 어떠했던가를 짐작할 수 있는 것들이다. 버가모왕국이 가장 유명했던 것은 도서관이다. 도서수집광이었던 유메니스왕에 의하여 당시 20만 권이 넘는 도서를 소장했다고 한다. 정말 놀라운 일이다.

　버가모도서관은 이집트의 알렉산드리아도서관과 함께 세계 최고의 도서관이었다. 그때 책이란 종이가 발명되기 전이어서 이집트에서 생산되는 파피루스에 글씨를 쓴 필사본이었다. 이집트는 버가모도서관이 알렉산드리아도서관보다 더 많은 장서(藏書)를 소유하는 것을 막기 위하여 파피루스의 수출을 중단하였다.

　그러자 버가모 사람들은 파피루스 대신 글씨를 쓸 다른 용지를 만들었다. 그게 양피지(羊皮紙)다. 양피지는 양가죽을 펴서 말린 다음 그것을 표백한 뒤에 건조하여 만든 것이다. 버가모의 양피지는 그들의 이름을 따서 버가맨(Pergamin)이라 할 만큼 그 이름이 널리 알려졌다. 오늘날 파치먼트(Parchment)라고 하는 것이 바로 그것이다. 그 뒤 BC 1세기 경 이집트 알렉산드리아도서관에 불이 났다. 장서가 모두 불타버리고 말았다. 클레오파트라여왕은 이를 안타깝게 여긴 나머지 로마 장군 마르쿠스 안토니우스에게 버가모도서관 장서를 모두 이집트로 옮기도록 요청하였다. 그 결과 책은 모두 알렉산드리아로 옮겨지고 지금은 도서관 흔적마저 사라지고 없다.

　이 외에 버가모에는 세계 최초의 정신요법병원(精神療法病院) 아스클레피온이 있었던 것으로 유명하다. 지금은 병원터에 돌기둥만 서 있지만 그 옛날 음악요법(音樂療法)을 썼던 야외음악당 자리와 목욕요법(沐浴療法)을 사용했던 목욕탕 자리, 그리고 명상요법(冥想療法)을 적용했던 긴 터널과 통로가 아직도 당당하게 남아있다.

　버가모 왕국의 유적을 돌아보면서 이 세상의 것 중에 영원한 것은 하나도 없다는 것을 새삼스럽게 깨달았다. 이 세상에서 영원한 것은 오직 하나님 말씀뿐이라는 생각이 들었다.

21 땅속에 매몰된 두아디라교회

우리 일행을 실은 버스는 버가모를 뒤로 하고 두아디라를 향해서 달리기 시작했다. 두아디라에는 요한계시록에 나오는 소아시아 7대 교회 중에 하나인 두아디라교회가 있는 곳이다.

창밖으로는 올리브나무가 계속 나타났다. 이스라엘의 말로는 '자이스'라 부르고 한국말로는 감람나무라고 한다. 올리브나무는 키도 작지만 색깔도 볼품이 없는 나무였다. 나무 잎새 모양이나 색깔은 우리나라 버드나무와 유사했으나 색채는 버드나무 잎보다도 더 칙칙했다. 아무리 좋게 보려고 해도 아름다움이나 멋 같은 것과는 거리가 먼 나무였다.

그런데도 성경에 그처럼 많이 등장하는 것은 올리브나무가 지중해(地中海) 연안(沿岸) 어디서나 볼 수 있는 나무인데다가 그 쓰임이 다양하기 때문인 것 같았다. 열매는 기름을 짜서 식용(食用), 약용(藥用), 공업용(工業用)으로 사용하고 나무는 목재로 쓰인다. 또 올리브유는 제사장(祭司長) 직임을 받은 사람의 머리에 부어지는데 번성(蕃盛), 축복(祝福), 아름다움을 상징한다. 노아의 방주(方舟)에서 날려 보낸 비둘기가 맨 먼저 물고 온 것이 올리브나무 가지였다. 이처럼 올리브나무는 성경에 자주 등장하는 나무로 알려지고 있다. 그리고 올림픽경기에서 승리자에게 씌워주는 관(冠)도 올리브나무로 만들었다. 이른바 월계관(月桂冠)이 바로 이것이다.

　길가에는 계속 올리브나무들이 서 있었다. 올리브나무는 30~40년 자라야 키가 겨우 7m 정도 자란다고 한다. 수확도 연륜이 그쯤 되어야 많이 할 수 있다고 한다. 지중해 연안에서 올리브나무를 신(神)이 내린 나무라고 하는 것을 보면 올리브나무가 얼마나 귀하게 쓰이는지 알 수 있다.

　우리는 성경 속의 올리브나무를 생각하며 달리는 버스 속에서 양승태 단장의 사회로 주일예배를 드렸다. 이 한섭 교수가 기도를 하고, 이 기성 형제가 특송(特頌)을 한 뒤, 설교는 내가 맡아서 하였다. 비록 짧은 시간이지만 우리는 하나님께 찬송과 기도로 영광(榮光)을 돌렸다. 평신도들끼리 주일을 맞아 드리는 예배였지만 그 곳이 소아시아였기 때문에 특별한 감회가 있었다.

　터키는 기후 때문인지 큰 나무를 볼 수 없었다 한국에서 흔히 볼 수 있는 아름드리 느티나무라든가 운치 있는 소나무는 보이지 않았다. 모두 키가 작은 난쟁이나무만 보이고 어쩌다 키다리 침엽수가 보였는데 그것은 희귀한 풍경이었다.

　갑자기 안개 지역이 나타났다. 10m 앞도 잘 보이지 않았다. 운전기사도 조심스러운 듯 속도를 줄였다. 우리는 아무 것도 보이지 않는 안개 속을 몇 분 동안 달렸다 그러다가 안개 속을 빠져나가니 푸른 하늘과 밝은 태양이 우리 마음을 환하게 비추어 주었다.

　들판에는 목동이 양떼를 물가로 인도하는 모습이 보였다. 그림처럼 평화롭게 보였다. 마치 성화(聖畵) 속에 예수가 양떼를 인도하는 모습처럼 거룩하게 보였다. 그 동안 가축이라곤 아무 것도 보지 못하다가 한국에서 보기 드문 양떼를 만나니 신기하

땅속에 매몰된 두아디라교회터

게 느껴졌다. 성경 속에 왜 양이 많이 나오는지 알 것만 같았다. 한동안 양떼에 대한 상념에 잡혀 있었는데 전방(前方)에서 도시가 보였다. 우리가 목적한 두아디라였다. 버가모로부터 44km라고 하는데 실제로는 더 멀리 느껴졌다. 두아디라 도시 입구에는 "아키사르(Akhisar)" 란 현재 지명과 함께 인구가 82,529명이란 표지판이 보였다. 터키는 도시 이름과 함께 인구를 표기해 놓은 것이 이색적(異色的) 이였다.

두아디라는 역사적으로 볼 때 버가모와 사데를 잇는 교통의 요지였다. BC 7, 8세기경에는 리디아(Lidia)인들이 거주하며 펠르피아(Pelppia)라 불렀다. 그 뒤 BC 3세기경에는 셀루쿠스(Seleucus) 1세가 이곳에 도시를 세우고 산업과 상업의 중심지로 발전시켰다.

두아디라는 로마와 동맹관계에 있던 버가모왕국의 지배 아래 있다가 그 후 로마의 속령(屬領)이 되었다. 그 뒤 두아디라는 비잔틴제국과 오스만제국의 통치를 받다가 오늘에 이르고 있다. 두아디라는 군사적으로 요충지(要衝地) 역할을 하며 상업의 중심지로 발전해왔다. 그래서 많은 유대인들이 이곳으로 이주해 와서 살게 되었다.

두아디라에는 특별히 주석(朱錫)이 많이 생산되었다. 그리하여 마침내는 주석을 정제하는 용광로(鎔鑛爐)까지 만들었다. 그 뿐만 아니라 가죽을 염색하는 산업도 크게 번창했던 곳이다. 사도행전 16장에 나오는 루디아가 두아디라성에서 자주(紫紬)를 팔기 위하여 빌립보까지 왔던 것을 보면 두아디라의 염색 산업이 얼마나 발전했는지를 알 수 있다. 오늘날도 두아디라는 공업이 발달하여 공장 굴뚝에서 내뿜는 연기가 하늘을 얼룩지게 하고 있었다.

우리들이 버스에서 내린 곳은 시내 한 복판에 있는 폐허화된 교회 유적지(遺跡地)였다. 유적지 둘레는 울타리를 쳐서 보호하고 한쪽에서 관리인이 지키고 있었다. 울타리 안으로 들어가니 여기저기에 석조건물의 잔해들이 아무렇게나 흩어져 있고 한쪽에는 로마시대에 쌓았던 벽이 아직도 건장한 모습으로 버티고 있었다.

이곳은 로마시대에는 아폴로신전이었다가 비잔틴제국시대에는 교회가 되었다고 한다. 그 뒤 지진(地震)으로 인하여 그 큰 건물들이 땅속에 매몰되어서 오늘날에는 흉한 모습만 보여주고 있었다. 그러고 보니 오늘날 아키사르는 무너져 내린 옛날의 도시 위에 새로 설계하여 세워진 도시였다. 그러니까 땅 속에 매장된 두아디라 위에 오늘날의 아키사르란 도시가 세워진 것이었다.

성경(계2:18~29)에 의하면 당시 두아디라교회는 이방신(異邦神)을 섬기는 이사벨이라는 여사제를 끌어들였다고 한다. 그 결과 음란행위(淫亂行爲)가 만연하여 성병(性病)이 창궐했다고 한다. 그 당시 이교도(異敎徒)들은 잔치가 있으면 무절제한 성행위(性行爲)를 하는 것이 인정된 관습이기도 하였다. 이방인들은 기독교인이 된 뒤에도 이런 풍조(風潮)에서 벗어나지 못 했다고 한다. 요한은 계시록(啓示錄)에서 이를 크게 책망하고 있다.

'어디서 떨어진 것을 회개(悔改)하여 처음 행위를 가지라. 그리하지 아니하고 회개치 아니하면 내게 네게 임하여 네 촛대를 그 자리에서 옮기리라'

이렇게 경고(警告)하고 회개할 기회를 주었는데도 그들은 회개하지 않아서 두아디라는 마침내 지하에 들어가게 되었는지도 모른다. 두아디라 교회는 그 옛날의 터만 보여주고 있었다. 성경에서 한쪽으로는 꾸중하며 또 한쪽으로는 '너는 자애롭다'라고 칭찬까지 받은 교회가 오늘날은 흔적만 남아있을 뿐 교회도 성도도 찾아볼 길이 없는 쓸쓸한 폐허가 되어 있었다. 신약성경에 당당하게 기록되었던 초대교회의 옛 모습을 상상하면서 하나님이 오늘날 두아디라의 교회를 통하여 우리들에게 무엇을 말하려고 하시는지 알 것만 같았다.

　오늘날 터키인들은 옛날의 유적(遺跡)을 발굴하기 위해서 땅을 파헤치고 한쪽에서는 당시의 유물(遺物)을 보존하고 있었다. 그러나 그들의 재정과 관심은 옛날의 영화를 다시 찾기에는 역부족인 것 같았다. 다만 그들이 교회가 있던 자리는 그래도 건물을 짓지 못하게 하고 그만한 공간이라도 비워두었다는 사실이 고맙게 느껴졌다. 이른 시간이어서 그런지 아니면 찾아오는 관광객이 없어서인지 기념품을 파는 행상들도 보이지 않았다. 두아디라는 그 옛날 초대교인들이 우렁차게 부르던 찬송가 소리도 거룩하게 낭송하던 성경 읽는 소리도 그리고 이사벨 무리들이 광란을 벌였던 괴성도 모두 사라지고 지금은 적막감만 감도는 아키스로 변하여 있었다.

22 아르데미스신전에 붙어있는 사데교회

칙칙한 날씨가 몸을 움츠리게 하였다. 오늘은 BC 680~546년 경 리디아(Lydia)왕국의 수도였던 사데(Sardis)를 관광하는 날이다. 사데에는 요한계시록에 나오는 소아시아 일곱 교회 가운데 하나인 사데교회가 있던 곳이기도 하다. 말하자면 지금부터 2500여 년 전 고도(古都)이며 기독교 초대교회가 있던 성지(聖地)라고 하겠다. 현재 지명은 사르디스(Sardis)라고 하는데 오늘날은 황폐(荒幣)하여져서 일반 관광객은 거의 없고 한국에서 찾아오는 성지순례단만 들리는 곳이라고 한다.

사데는 셀축에서 버스를 타고 서머나를 거쳐서 가는데 약 두 시간이 소요된다고 한다. 셀축에서 서머나(Smyrna)까지는 어제 왔던 길을 되짚어 가기 때문에 차창 밖의 풍경은 우리의 시선을 끌지 못하였다. 뒤에서는 벌써 코고는 소리가 들렸다. 그런가 했더니 일행들은 어느새 모두들 꿈나라를 헤매고 있었다.

나는 일행들을 둘러보다가 앞에 앉은 K씨의 뒷모습이 눈에 들어왔다. K씨의 어깨에 걸친 양피 점퍼가 썩 잘 어울렸다. 어제 저녁 양피(羊皮)옷 공장에서 산 것을 입었는데 옷매무새가 너무나 멋지고 아름다웠다. 그야말로 뒷모습만 보아서는 다른 사람 같았다.

뼈대만 남은 사데교회

어제 관광을 마치고 가이드가 우리를 Naterl이라고 하는 양피(羊皮)옷 공장으로 인도했다. 거기서 간단한 패션쇼를 관람하고 의상전시장으로 들어가서 다양한 양피옷을 구경하였다. 일행 중 한사람이 한국에서 80만원하는 옷이 이 옷만 못하다는 말을 했다. 전시장에서는 630달러하는데 5% 할인을 해준다는 것이었다.

우리 일행들은 모두들 마음이 흔들리는 모양이었다. 너도 나도 옷을 골라 들고 흥정을 시작했다. 한 푼이라도 더 할인을 하려고 비싸다니 안 사겠다느니 줄다리기를 하였다. 그 결과 630달러짜리 옷이 500달러가 되고, 500달러가 다시 400달러 되고, 그러다가 마침내는 250달러로 낙착되었다. 역시 물건 값을 깎는다는 것은 즐거운 일이었다. 이런 생각을 하며 K씨의 아름다운 뒷모습을 바라보니 나는 왠지 나도 모르게 웃음이 나오고 말았다.

버스는 어느새 서머나를 지나 사데를 향해 달리고 있었다. 창밖에는 척박한 들판만 계속 보였다. 이따금 산들이 나타났으나 나무가 없는 황량한 민둥산뿐이었다. 고속도로 주변은 이처럼 단조롭고 지루했다.

서머나에서 약 한 시간 가까이 달린 뒤에 살리흘리(Salihli)란 조그만 도시를 지나 이윽고 사데에 이르렀다. 무절제한 건물들과 이슬람교 사원이 어울려 있는 모습이 다른 도시와 별로 다른 점이 없었다.

오른쪽으로 서기 2세기 경 세운 체육관이 보였으나 그냥 지나치고 말았다. 멀리서 보아도 그 규모가 당시에는 엄청난 것이라고 생각되었다. 우리나라로 말하면 삼국시대(三國時代)에 벌써 체육관이 있었던 것이다. 이 체육관은 서기 193~235년에 건축하였는데 그 뒤 지진으로 무너져 내렸다고 한다. 체육관 옆에는 4세기 말엽에 건립한 유대교의 회당(會堂)도 있었다. 체육관과 회당은 땅 속에 함몰 되었던 것을 1973~1985년에 미국 하바드대학과 코넬대학 고고학 팀이 발굴하여 복원한 것이라고 한다.

　버스가 시가지를 지나서 달리다가 멈춘 곳은 해발 2,137m나 되는 트몰루스산 아래였다. 주차장 가장자리에는 한 아름이나 되는 뽕나무들이 잎을 떨군 채 앙상한 모습으로 서 있었다. 한국에서 앉은뱅이 뽕나무만 보다가 거인(巨人)처럼 커다란 뽕나무를 바라보니 신기한 생각이 들었다. 성경에서 삭개오가 뽕나무에 올라가서 예수를 바라보았다는 이야기가 실감으로 느껴졌다.

　주차장 주위는 크고 작은 산들이 병풍처럼 둘러 있었다. 사데는 그야말로 난공불락(難攻不落)의 천연적인 요새(要塞)같았다. 그 요새 중앙에 풍요와 다산(多産)의 여신 아르데미스신전 잔해들이 장관(壯觀)을 이루고 있었다. 유방(乳房)이 24개나 달렸다는 아르데미스여신의 위력이 어떠했던가를 알 수 있을 것만 같았다.

　아르데미스신전의 규모로 보아 사데가 얼마나 큰 도시였던가를 짐작할 수 있었다. 사데는 BC 1200년 전부터 산기슭에 도시가 형성되어 오다가 리디아왕국의 도읍지(都邑地)가 되었던 곳이다. BC 6세기에는 사데의 전성기였다. 당시 크로수스 왕은 서구인들에게 부(富)를 상징하는 왕으로 널리 알려질 만큼 사데는 풍요로운 상업도시였다. 특산물로는 직물, 금속제품이 유명했는데 인류 최초의 금화(金貨)도 이곳에서 만들었다고 한다. 그리고 '마이다스의 황금손' 전설도 이곳이 근원지라고 한다.

　아르데미스신전은 트물루스산을 배경으로 하고 자리를 잡고 있었다. 신전은 그 규모가 가로 50m, 세로 100m나 되는 거대한 건물이었던 것 같다. 이 신전은 서기 334년 알렉산더 대왕의 명령으로 짓기 시작했으나 미완성으로 끝났다. 에베소에 있는 신전보다 작았다고 하지만 당시의 신전을 상상하기는 사데의 신전이 에베소의 신전보다 훨씬 쉬었다. 에베소의 신전은 흔적도 찾아보기 어려웠지만 사데의 신전은 아직도 남아있는 돌기둥이 당시의 모습을 충분히 떠올릴 수 있었다. 직경이 2m나 되는 고린도식 돌기둥이 72개나 있었다. 그 중에 두 개는 높이가 20m나 되는데 원형(原型) 그대로 남아 있었다.

아르데미스신전(神殿) 뒤쪽에는 붉은 벽돌로 아담하게 지은 아치형 건물이 신전과 어울리지 않게 붙어 있었다. 그런데 이 집이 뜻 밖에도 소아시아의 7대 교회 중에 하나였던 사데교회라고 한다. 지붕도 없어지고 내부도 허물어졌지만 교회로서 흔적은 비교적 온전하게 남아 있었다. 강당으로 들어가니 초대교회 성도들의 육성이 들리는 듯 하였다.

당시 성도들은 아르데미스여신을 섬기는 부도덕(不道德)한 제사의식(祭祀儀式)을 버리지 못 하였던 것 같다. 즉, 여신을 섬기는 제사의식 가운데는 성적(性的)인 광란(狂亂)과 혼음행위(混淫行爲)가 있었는데 사데교회 성도(聖徒)들 가운데는 이를 버리지 못한 이들도 있었던 것 같다. 그래서 사도(使徒) 요한은 이곳 성도들에게 네가 살아 있다는 말이 있으나 실상 너는 죽었다라고 책망을 하였다. 그러면서도 한편으로는 너희 가운데 충실한 사람이 몇 있다는 칭찬도 아끼지 않았다.

옛날이나 지금이나 인간은 영적세계(靈的世界)를 지향하고 있으나 영적세계에 머무르지 못하고 육신의 소욕(所欲)에 따라 현실과 영합(迎合)하며 영적인 세계에 들어가고자 하는 어리석은 생각을 하는 것이 인간인 것 같다. 사데교회가 아르데미스신전과 함께 붙어 있는 것은 바로 그런 것을 상징하고 있는 것 같았다.

23 지하에 숨은 도시 빌라델피아교회

사데 관광을 마치고 다시 버스에 올랐다. 하늘을 찌를 듯이 높이 솟아 있는 아르테미스신전의 돌기둥이 다시 시야에 들어왔다. 버스가 시동을 걸고 사데를 출발하는데도 내 눈길은 좀처럼 아르테미스 신전에서 떠날 줄을 몰랐다. 아무리 인간의 힘이 위대해도 만물을 주장하는 신(神) 앞에서는 하찮은 존재라는 진리가 내 마음 속으로 다시금 확신을 갖게 하였다. 사데에서 빌라델피아(philadelpheia)까지는 동남쪽으로 43Km, 버스로 약 1시간이 소요된다고 한다. 나는 초등학교 시절 소풍 갈 때처럼 즐거운 마음으로 사데를 출발했다.

버스가 사데를 떠난 지 얼마 되지 않아서 사라이큐이란 마을을 지나게 되었다. 이 마을의 정취는 한국과 다를 바가 없었다. 그런데 지붕이나 담장 같은 곳에 빈 병을 세워 놓은 모습이 이색적(異色的)이었다. 사연(事緣)인즉, 결혼할 처녀(13~14세)가 있는 집에서 구혼(求婚)할 총각이 있으면 프로포즈하라는 표시로 세워놓은 것이라고 한다.

이것을 보고 구혼(求婚)할 의사가 있는 총각은 돌을 던져서 병을 깨뜨리면 청혼(請婚)을 할 수 있다고 한다. 병을 깨뜨린 총각은 그 집에 들어가서 처녀가 끓여서 내놓는 차(茶)를 대접 받는데 이때 처

빌라델피아교회

녀의 차 솜씨를 보고 마음에 들면 최종적으로 청혼을 한다고 한다.
그 만큼 터키인들에게는 차가 일상생활 중에 중요한 모양이다.
 그러나 이때 처녀 입장에서 신랑감이 마음에 들지 않으면 거절의
뜻으로 차 속에 소금을 타서 준다고 한다. 그러니까 소금물이 든 차
를 마시면 퇴자를 맞는 것이다. 재밌는 결혼 풍습이었다. 아직도 이
런 전통이 남아 있다는 것을 생각할 때 이 마을이 어쩐지 아름답게
느껴졌다. 버스를 멈추고 카메라를 들고 나갔더니 마을 사람들이 달
려와서 사진을 찍지 못하게 하였다. 아쉽지만 그냥 돌아설 수밖에
없었다.
 버스는 넓은 들판을 달렸다. 들판에는 포도나무가 똑같은 간격을
유지하며 열을 짓고 있었다. 포도밭은 사데에서 빌라델피아까지 계
속 이어지고 있었다. 아직 철이 일러서 잎도 없고 열매도 볼 수 없
었지만 포도 수확 철이 되면 장관을 이루리라고 생각하였다. 포도
원(葡萄園)은 수십 Km가 넘게 펼쳐져 있었다. 어디선가 빌라델피아
가 속한 아나톨리아지방은 인류가 최초로 포도주를 만들어 마신 곳
이라는 글을 읽은 기억이 떠올랐다. 나는 확신할 수는 없지만 끝 없
이 나타나는 포도원을 바라보면서 그런 말을 거부할 수가 없었다.
기독교가 전파되기 시작한 1세기경에 빌라델피아교회는 주위에 있
는 3천여교회에 성찬용(聖餐用) 포도주를 공급했다고 한다. 이로 미
루어 볼 때 빌라델피아는 포도주의 역사가 오래된 곳이며 그 옛날에
도 포도주(葡萄酒)를 대량으로 생산했던 곳이라는 것을 알 수 있었
다.
 빌라델피아는 본래 리디아(Lydia)왕국시대 칼하테부스
(Callatebus)라는 왕이 건설하였다. 그 후 BC 159~138년에 버가모왕
아타루스(Attalus) 2세 필라델푸스(philadelphus)가 도시를 건설한

뒤에 도시 이름을 자신의 이름을 따서 빌라델피아라고 명명(命名)했다고 한다. 빌라델피아라는 이름은 "형제의 사랑"을 뜻하는 말이라고 한다. 현재의 이름은 알라세히르(Alashehir)라고 한다. 빌라델피아는 농업과 함께 산업도 발달하였는데 직물과 피혁(皮革) 제품이 특산물이었다고 한다. 서기 5세기경에는 산업이 크게 번창하여 화려한 축제(祝祭)가 열렸다고 한다. 이때 이교의식(異敎儀式)이 성행하여서 빌라델피아는 작은 아테네라고 불리었다고 한다. 오늘날 볼 수 있는 유적은 로마시대의 아크로폴리스와 성벽, 그리고 좌석이 4천 석이나 되는 대극장(大劇場)과 음악당(音樂堂)이 있다고 한다.

버스는 계속 포도밭을 보여주며 달렸다. 그러다가 소도시가 나타나자 버스는 도시 가운데를 마치 숨바꼭질이라도 하는 듯이 이리저리 빠져나가다가 멈춘 곳이 어느 이슬람교사원 앞이었다. 이슬람 특유의 탑이 높이 솟아 있고 주위는 한적한 마을답게 조용했다. 이슬람교 사원이 있는 길 건너편에는 허물어지다가 잠시 멈춘 듯한 그 옛날 빌라델피아교회가 있었다. 주위는 쇠막대기로 만든 울타리가 둘러있고 철문은 자물쇠로 굳게 잠겨 져 있었다. 사데의 유적이 방치되어 있는데 비하여 이곳의 유적은 철저하게 관리하고 있는 듯하였다. 철문 앞에는 빌라델피아교회를 알리는 안내판과 함께 관리인의 연락처가 적혀 있었다.

잠시 후에 관리인인 듯한 사람이 와서 문을 열어 주었다. 우리는 돌로 쌓은 듯한 기둥의 규모가 너무 커서 놀라워하였다. 눈짐작으로 대충 가로 3m, 세로 2m에 높이가 15m 쯤 되는 직사각형의 기둥이었다. 이런 규모의 집이라면 지붕이나 집의 크기가 어느 정도였던가를 예측할 수 있었다. 네 개의 기둥 위에는 커다란 돔이 있었던 것 같았다. 그렇다면 교회의 본체는 땅 속에 파묻히고 지붕의 윗부분만 지상으로 노출되어 있는 것이 아닌가. 우리식으로 생각하면 종탑부분만 지상으로 나와 있는 것이었다.

한쪽 기둥에는 서기 11세기경에 그린 벽화가 아직도 선연히 남아 있었다. 그리고 지진으로 매몰된 부분은 여기저기 파 헤쳐 놓은 모습이 보였다. 지상에는 지하에서 발굴해 놓은 듯한 석관(石棺)과 십자가(十字架)를 새긴 돌들이 널려 있었다. 화려했던 영광을 잃어버린 석관은 텅 빈 내부를 보여주며 초라한 모습으로 아무렇게나 놓여 있었다. 빌라델피아교회는 지상에서 보여주고 있는 유물보다 지하에 감추고 있는 유물이 더 많을 것 같았다.

요한계시록에 의하면 소아시아 일곱 교회 가운데 에베소, 버가모, 두아디라교회는 사도 요한으로부터 칭찬과 꾸중을 동시에 받았다. 그런가하면 사데교회와 라오디게아교회는 책망을 크게 들었다. 그런데 비하여 빌라델피아교회는 서머나교회와 함께 크게 칭찬을 받은 교회였다. 당시 기독교인들 가운데는 형식적으로 신앙을 가지고 이교도(異敎徒)와 다를 바 없는 타락한 생활을 하는 이들이 많았으나 빌라델피아교회 교인들은 그렇지 않았다. 요한계시록의 저자 요한은 이렇게 기록하고 있다.

"내가 네 앞에 열린 문을 두었으되 능히 닫을 사람이 없느니라. 내가 네 행위를 아노니 네가 적은 능력을 가지고도 내 말을 지키며 내 이름을 배반치 아니 하였도다" (요한계시록 5장 8절)

이처럼 신실했던 빌라델피아교회였지만 그 뒤 13세기에 아랍에 의하여 터키가 점령당하고 이슬람국가가 되면서 빌라델피아교회는 문을 닫게 되었다. 빌라델피아교회는 몇 차례의 지진으로 말미암아 구도시와 함께 지하에 묻히고 그 위에 신도시가 새로 건설되었다. 그래서 발굴 작업이라든가 복원 작업은 늦어지고 있는 것이었다.

빌라델피아교회를 돌아보고 나오려니까 그새 기념품을 파는 노인 한 사람이 물건을 펴 놓고 있었다. 그곳으로 달려가 보니 빛바랜 옛날 책 몇 권을 늘어놓고 있었다. 초라하기 짝이 없었다. 그밖에는 더 볼 것도 없었다. 그 옛날 찬란했던 영광은 온 데 간 데 없고 낡고 허름한 옷을 걸쳐 입은 늙은이만 나그네들을 바라보고 있었다.

24 황무지가 되어 버린 라오디게아

우리 일행은 다시 버스에 올랐다. 다음 목적지는 신약성경에 등재되어 있는 라오디게아(laodicea)였다. 빌라델피아에서 라오디게아까지는 115km가 되는데 시간은 두 시간이 소요 된다고 하였다.

라오디게아는 소아시아 부르기아(phryghia)의 수도로 교통의 요지인 리커스 계곡에 위치하여 상공업의 중심도시로 발전하였다. 라오디게아가 지금의 이름을 갖게 된 것은 알렉산더대왕이 죽은 뒤 셀리우코스(Seleucid)왕가의 안티오쿠스(Antiochus) 2세가 자기 부인의 이름인 라오디케(Laodice)를 이 도시 이름으로 명명(命名)하였기 때문이다. 라오디게아는 BC 133년 이후부터 양털을 이용한 모직산업과 의류산업이 발달하였으며 한편으로는 가루로 된 프르기안이라는 안약을 생산하여 그 명성을 떨쳤다. 그리하여 라오디게아는 은행(銀行)과 고리대금업자(高利貸金業者)들이 많아서 돈이 흔하고 부유한 도시였다. 따라서 라오디게아는 환락(歡樂)의 도시가 되었다. 라오디게아는 그 옛날 한 나라의 화려한 도읍지(都邑地)였던 것으로 보아 지금도 꽤 큰 도시일 것이라는 생각이 들었다.

버스는 빌라델피아를 벗어나서도 여전히 포도밭을 보여주며 달리고 있었다. 끝없이 이어지는 포도밭, 단정한 모습으로 도열하고 있

폐허가 된 라오디게아

는 포도나무, 그것은 정말 장관이었다. 포도 수확 철이 되면 이곳은 온통 포도 향기로 가득할 것이라는 생각이 들었다. 그런 계절에 여행을 하지 못하는 아쉬움이 머릿속에 점점 맴돌았다. 그러다가 마침내는 빌라델피아를 다시 한 번 찾아오리라는 간절한 소망이 가슴 속에 휘몰아쳐 왔다.

　버스가 1시간 쯤 달리다가 휴게소에서 정차했다. 모두 화장실 가기에 급급했다. 나도 버스에서 내리자마자 화장실로 달려갔다. 화장실 속에는 녹이 쓴 깡통 속에 물이 가득 담겨 있었다. 무엇 때문에 깡통이 놓여있는지 알 것만 같았다. 화장지 대신 물손으로 뒤끝을 처리하는 아랍 사람들의 생활 습관 때문이었다. 우리들이 볼 때에는 그들이 비위생적이지만 그들이 우리들을 볼 때에는 우리들이 비위생적이란다. 우리들은 우리 것이 문명적이라고 하지만 저들은 자기들의 것이 문명적이라고 한다. 어찌 되었던 그들의 화장실 문화를 상상하면서 문명의 차이에 따라 가치관이 얼마나 다른 것인가를 확인할 수 있었다.

　일을 마치고 나가는데 관리인인 듯한 사람이 사용료 25만 리라를 내라고 한다. 그 사이 다른 사람이 나오니까 그에게도 역시 마찬가지로 화장실 사용료를 내라고 하였다. 그 순간 그가 눈을 한번 크게 치켜뜨고 큰 소리로 뭐라고 한마디 하고 나가니까 그대로 통과였다. 관리인은 따지거나 제지하지도 않았다. 나는 수중에 터키 돈이 없던 터라 앞서 나간 사람의 흉내를 내며 묵묵히 걸어 나갔다. 그대로 통과였다. 한국 돈으로 환전하면 250원 밖에 되지 않는 돈이지만 난처한 입장에서 벗어나기 위해서는 그럴 수밖에 없었다. 나는 약자 앞에서 강자인 체 한 것이다. 그 결과 강자 앞에서 맥을 못 추는 터키 사람들을 보고 나는 그들에게서 지난날 우리의 모습을 보는 것 같아서 서글픈 생각이 들었다. 나는 버스로 돌아오자마자 옆 사람한테 돈을 빌려가지고 다시 화장실로 돌아가서 화장실 사용료를 주고 돌아 왔다. 관리인은 마치 엄청난 팁이라도 받는 양 연신 굽신거리며 싱글벙글하였다. 나는 이런 모습을 바라보면서 나도 모르게 덩달아 기분이 좋아졌다.

버스는 다시 달리기 시작했다. 어느새 차창 밖으로는 포도원이 사라지고 목화밭이 계속 나타났다. 밭에는 아직도 목화 대궁을 뽑지 않아서 말라비틀어진 목화가 초라한 모습으로 열을 지어 있었다. 이런 풍경은 버스가 달리고 달려도 계속 나타났다. 목화의 산지라는 것을 단번에 알 수 있었다.

빌라델피아를 떠나 온지 2시간이 지나서 목화의 성이라는 파묵칼레(Pamukkale)에 도착하여 점심을 먹었다. 터키 뷔페식당인데 다양한 메뉴와 화려한 상차림과 혀를 요동치게 하는 맛은 저절로 감탄사를 연발하게 하였다. 나는 식사를 마친 뒤에도 그 자리를 뜨지 못하고 한참동안이나 그 자리에 앉아 있었다. 그 맛과 분위기를 놓치지 않기 위해서였다. 정말로 행복감을 만끽한 점심시간이었다.

점심을 맛있게 먹고 라오디게아로 향했다. 파묵칼레에서 라오디게아와 골로새는 삼각형 꼭짓점을 이루고 있는데 그 거리는 각각 7km 정도 밖에 되지 않았다. 우리를 태운 버스는 약 15분정도 달려서 라오디게아에 도착했다. 그러나 도시나 마을은 보이지 않고 나무 한 그루 없는 민둥산과 돌무더기만 여기저기 눈에 띄었다. 그야말로 살벌한 광야였다. 이따금 대형 건물이 있었음을 암시하는 돌무더기가 흉물스러운 모양을 하고 있었다. 그 사이로는 옛날의 영화를 아는지 모르는지 양들이 떼를 지어 다니며 풀을 찾고 있었다. 버스에서 상상했던 웅장하고 고풍(古風)스런 도시는 그 어디에도 없었다.

라오디게아는 그야말로 도시 전체가 여러 차례의 지진으로 말미암아 땅 속에 함몰(陷沒)되고 만 것이다. 산등성이를 타고 한곳에 이르니 석조 건축물의 잔해(殘害)들이 아무렇게나 흩어져 있었다. 주위를 둘러보니 십자가(十字架)를 새긴 돌들이 모여서 '여기가 라오디게아교회터'라고 외치고 있는 듯하였다. 소아시아 초대교회 중에 하나였던 라오디게아교회, 덥지도 않고 차지도 않고 미지근한 신앙이어서 책망을 받았던 교회, 그 교회는 눔바라는 여자의 집에 있었다고 한다. 그 교회가 지금은 자취도 없이 사라지고 다만 십자가를 새긴 초석(礎石)만이 라오디게아교회라는 이름을 확인시켜주고 있었다.

우리 일행은 한국에서 온 백여 명의 대학생순례단과 함께 안내자의 설명을 들으며 새로운 감회에 빠져 들었다. 그리고 기도했다. 라오디게아교회에서 몸을 돌려 주위를 돌아보니 언덕진 봉우리마다 무너져 내리다가 멈춘 듯한 도시의 잔해가 몸을 제대로 가누지 못하고 흐느끼고 있는 듯 있었다. 그리고 기울어진 산비탈에는 형체만 남은 원형극장(圓形劇場)이 아직도 옛날의 영화를 말해주려는 듯이 세월을 이기며 버티고 있었다. 조물주(造物主)의 버림인가, 세월의 덧없음인가. 하나의 도시가 이렇게 무참(無慘)하게 황무지(荒蕪地)로 변할 수 있단 말인가. 그 어디에도 라오디게아는 없었다.

2천 년 전 화려했던 한 나라의 도읍지(都邑地)가 궁궐(宮闕)도 관가(官家)도 교회(敎會)도 민가(民家)도 모두 사라지고 황폐화(荒廢化)된 광경을 바라보며 산천의구(山川依舊)란 단어가 한국에서만 통용되는 낱말이라는 것을 실감할 수 있었다. 라오디게아는 하나님이 버린 땅이었다.

25 사도 요한이 칭찬한 서머나교회

두아디라 순례(巡禮)를 마치고 다시 버스에 올랐다. 버스는 다음 목적지인 서머나(syurna)를 향해서 달리기 시작했다. 두아디라에서 서머나까지는 95km라고 하였다. 서머나의 현재 이름은 이즈미르(Izmir)라고 한다.

서머나로 가는 길은 철로를 오른쪽에 끼고 달렸다. 도로는 넓고 포장이 잘되어 있었지만 터키 어디서나 그런 것처럼 달리는 자동차는 많이 볼 수 없었다. 도로변에는 가끔 소나무가 보였다. 소나무는 사람들이 손질을 했는지 마치 포도주잔과 똑같은 모습을 하고 서 있었다. 단조로운 풍경은 여행을 지루하게 하였다.

서머나는 BC 3000년경부터 사람들이 거주하기 시작하였는데 BC 800년경부터는 그리스의 식민지(植民地)가 되었다. 그리스인들은 서머나로 많이 건너왔다. 그 결과 서머나에는 그리스 문화가 뿌리를 내리기 시작했다. 그리스 최고의 서사시인 호머(Homer)도 이 시대에 서머나에서 태어나 문학 활동을 하였다.

그러나 서머나는 한때 리디아왕국의 침략을 받아 황폐한 땅이 되기도 하였다. BC 330년경에는 알렉산더대왕이 이끄는 군대가 서머나를 점령한 뒤 한동안 서머나에 주둔하고 있었다. 그런 어느 날 알

서머나교회제단

폴리캅감독 순교장면 벽화

렉산더대왕은 파거스산으로 사냥을 갔다가 돌아와서 낮잠을 자다가 꿈에 네머시스여신(女神)으로부터 서머나에 신도시를 건설하라는 분부를 받았다. 알렉산더는 즉시 네머시스여신의 분부대로 파거스산 기슭에 성벽(城壁)을 쌓고 새로운 도시를 건설하기 시작하였다. 그리스 양식으로 도로를 만들고 건물을 건축하였다. 그리하여 서머나는 그리스식 도시가 건설되었던 것이다.

그 뒤 서머나는 버가모(Bergama)왕국에 부속되었다가 BC 20년경에는 로마제국에 편입되었다. 서머나는 항구도시로써 발전하여 상업과 무역의 중심지가 되었다. 아고라라고 하는 대형시장(大形市場)과 로마식 공중목욕탕(公衆沐浴湯)과 2만 명을 수용하는 원형극장(圓形劇場) 같은 시설도 들어섰다. 그 결과 서머나는 로마 도시와 비교해도 손색이 없는 도시가 되었다. 그로 인하여 유대인들이 대거 몰려와 살기 시작하여 서머나는 국제적인 도시가 되었다.

그러나 서머나는 서기 170년경에 이 지역을 강타한 지진(地震)으로 말미암아 도시 전체가 거의 파괴 되었다. 이때 서머나의 웅변가(雄辯家)였던 아리스티테스가 당시 로마 황제 마르쿠스 아우렐리우스에게 서머나 재건을 위한 상소문(上疏文)을 올렸다. 철학자이기도 한 마르쿠스 아우렐리우스는 아리스티테스의 글을 읽고 서머나 재건을 명하여 다시 복구하였다. 그러나 서머나는 그 뒤에도 거듭된 지진으로 인하여 파괴와 재건을 반복하였다.

서머나는 요한계시록에 나오는 소아시아 7대 교회 중에 하나인 서머나교회가 있던 곳이다. 당시 밧모섬에 유배되었던 요한은 7대 교회 중에서 빌라델피아교회와 서머나교회를 칭찬한 바 있다. 그리고 요한은 서머나교회에 '네가 죽도록 충성하라, 그리하면 내가 생명의 면류관(冕旒冠)을 네게 주리라.'라는 유명한 말씀을 주었다. 오늘날 한국교회 가운데 서머나교회라는 이름이 많은 것도 바로 이런 연유에서 온 것이다. 서머나교회가 더욱 유명하게 된 것은 폴리캅과 같은 위대한 순교자(殉敎者)를 배출하였기 때문이기도 하다.

서머나로 가는 길은 지루하기 짝이 없었다. 주위 풍경도 흥미를 끌지 못했다. 눈이 감겼다. 막, 꿈나라로 들어가는데 누군가 아! 하고 감탄사를 발했다. 눈을 뜨고 앞을 바라보니 산골짜기 한쪽에 거대한 동상이 보였다. 그것은 1923년 10월 29일 터키공화국을 건국한 무스타파 케말 대통령의 동상이었다. 이러한 동상은 터키 곳곳에 세워져 있었는데 이곳에 있는 동상은 그 규모가 크고 유별났다.

버스는 야마니아르(Yamaniar)라고 하는 큰 산을 힘겹게 넘었다. 그 뒤로 버스는 평야지대를 달리면서 한가한 전원(田園)풍경을 계속 보여주었다. 그러다가 도로가 갑자기 복잡해지면서 버스는 도심 속으로 달리기 시작했다. 서머나였다. 서머나는 인구가 200만 명이 넘는 도시로 이스탄불과 앙카라에 이어 터키에서는 세 번째로 큰 도시였다. 도로 주변에는 가로수(街路樹)가 줄지어 있고 그 뒤로는 서구적인 풍취(風趣)가 느껴지는 까페가 즐비하였다. 도시 전체가 유럽풍의 건물들로 구성되어 있었다. 터키의 다른 도시보다 유럽 냄새가 가장 많이 풍기는 도시였다.

우리를 태운 버스는 도심(都心) 속으로 한참동안 달려가다가 번화한 길가에 우리를 내려놓았다. 신약성경 요한계시록에 나오는 초대교회 중 하나인 서머나교회 앞이었다. 말이 교회지 십자가(十字架)도 교회 간판도 보이지 않았다. 다만 초인종 단추가 있는 곳에 아주 작은 글씨로 폴리캅기념교회라는 글씨가 보였다. 벨을 눌렀더니 한참 뒤에 뚱뚱한 중년여인이 나와서 우리를 친절하게 안내하였다. 안으로 들어가니 겉에서 보기와는 달리 아름다운 제단과 화려한 벽화

(壁畵)가 눈길을 끌었다. 벽화는 주로 폴리캅기념교회답게 폴리캅의 순교 장면과 성경을 주제로 한 성화(聖畵)였다.

사도 요한의 제자였던 폴리캅은 서기 115년부터 116년까지 서머나교회의 감독(監督)이었다. 서기 156년 로마 총독이었던 스타티우스는 로마 황제 숭배를 반대하는 기독교도를 박해하기 시작하였다. 스타티우스는 빌라델피아에서 잡아 온 기독교인 11명을 원형경기장(圓形競技場)에서 사자의 먹이로 희생시키기도 하였다.

그 뒤 폴리캅 감독도 유대인의 밀고(密告)로 총독(總督) 앞으로 끌려왔다. 폴리캅 감독은 당시 나이가 86세였다. 폴리캅 감독의 친구였던 총독은 그의 나이를 생각해서 사형(死刑)은 면해주려고 예수만 부인하면 살려주겠다고 하였다. 그러나 폴리캅 감독은 86년간 나는 그 분을 섬겨왔고, 그 분은 나를 한 번도 모른다고 한 적이 없는데 내가 어떻게 나의 주님을 모른다고 하란 말인가, 하고 거절하였다. 그리하여 그는 마침내 화형(火刑)을 당하게 되었다. 그 뒤 기독교인들은 서머나 교회가 있던 자리에 폴리캅기념교회를 세웠다. 그러나 폴리캅기념교회는 1600년대에 큰 화재(火災)로 인하여 소실(燒失)되고 1690년대에 다시 재건하였다.

폴리캅기념교회는 19세기에 다시 수리를 거쳐 오늘날에 이르고 있다. 교회 안에서 가장 인상적인 것은 벽에 그린 성화(聖畵)였다. 프랑스 화가 레이몽 페레의 그림인데 그중에 백미(白眉)는 폴리캅 감독의 순교 장면이었다. 화형(火刑)을 당하는 폴리캅 감독에게 칼을 든 남자가 달려가는 데도 폴리캅 감독은 평화로운 얼굴을 하고 그의 눈길은 하늘을 바라보고 있었다. 나는 그 앞에서 두 손을 모으고 무릎을 꿇었다. 위대한 신앙의 사람 앞에서는 내 자신이 한없이 작아지는 것을 느꼈기 때문이었다. 참으로 감동적인 성화였다. 서머나의 여행은 폴리캅기념교회를 본 것으로 만족하였다. 가슴이 벅차서 다른 것은 더 볼 생각이 나지 않았다.

26 셀축, 사도 요한기념교회

　서머나에서 에베소(Ephesus)로 가는 고속도로는 넓은 평야를 가로지르며 뻗어 있었다. 버스가 남쪽으로 달릴수록 날씨가 따뜻하고 들판은 푸르렀다. 밭에 심은 양배추가 햇빛을 받아 더욱 파란 빛을 발산하고 있었다.
　주위에 나타나는 산들은 모두 벌거숭이 산들이어서 표범가죽처럼 얼룩진 모습을 보여주고 있었다. 버스가 에베소 쪽으로 가까이 갈수록 들판은 온통 목화밭으로 변하였다. 지난해 시들은 목화송이가 말라버린 채 밭고랑을 그대로 지키고 있었다. 길가에는 고도(古都)가 아니랄까봐 골동품가게가 눈에 띄기 시작하였다. 서머나에서 에베소까지는 73km밖에 되지 않았지만 버스는 1시간 30분이나 소요되었다. 고속도로가 끝나는 지점부터는 일반국도를 달려야했기 때문이었다.
　버스는 옛날 에베소 근처에 셀축이란 신도시로 진입하였다. 셀축으로 들어가면서 제일 먼저 눈에 들어온 것은 인구가 23,200명이란 표지판과 산꼭대기에 동로마시대에 축성한 거대한 성벽(城壁)이었다. 조그만 도시지만 역사가 오랜 도시란 것을 알 수가 있었다.
　우리는 도시 입구에서 햇 족속(族屬)이 경영하는 식당에 들어가 맛

사도 요한의 묘

사도 누가의 묘

을 즐기며 점심을 풍족하게 즐겼다. 미각(味覺)의 즐거움은 순간적이라고 생각하지만 나는 오후 내내 행복하였다. 우리 일행은 먼저 셀축 시내로 들어갔다. 셀축은 깨끗한 도시라는 인상을 주었다.

셀축은 요한복음을 쓴 요한기념교회와 그의 묘가 있는 곳이다. 주차장에서 약 5분간 걸어서 언덕을 오르자 커다란 문이 나왔다. 이 문의 이름은 '박해의 문'이라고 하였다. 박해의 문이라는 이름은 에베소경기장에서 돌을 뜯어다가 지은 데서 유래한 이름이었다. 에베소경기장은 3,4세기 동로마시절 에베소사람들이 전사들과 야수의 결투를 보며 즐기던 곳이다. 그뿐 아니라 동로마군인들이 기독교 신자들을 잡아다가 맹수의 밥으로 던져주던 곳이기도 하였다.

서기 313년 로마황제 콘스탄티누스가 기독교를 공인한 후 비잔틴시대에 기독교인들이 경기장으로 달려가서 대리석(大理石)을 뜯어다가 문을 만들고 박해의 문이라 명명(命名)했다고 한다. 박해의 문을 새운 당시 사람들의 심정을 이해할 수 있을 것 같았다. 나는 어쩐지 가슴이 찡하며 징소리 같은 소리가 들리는 것 같았다. 박해의 문을 통과한 뒤 다시 언덕길을 오르자 거대한 석조물의 잔해가 여기저기 흩어져 있었다. 그 규모가 커서 건물의 규모가 얼마나 컸는지 상상이 되지 않았다. 넓은 공간에 엄청난 잔해가 널려 있었기 때문이다.

기독교가 공인된 후에 에베소지역에 기독교가 크게 부흥하자 요한의 무덤이 있는 자리에 나무로 교회를 건축하였다고 한다. 그 후 유스티안 황제(527~565)가 이곳에 십자가(十字架) 모양으로 교회를 건축하였다. 목조가 아니라 오늘날 건축물 잔해에서 볼 수 있는 것처럼 대리석으로 지었던 것이다.

그러나 이 건물은 서기 1700년 경 이 지역에 일어났던 대지진(大地

震)으로 말미암아 모두 허물어져서 오늘날과 같은 모습을 보여주고 있는 것이다. 안타까운 일이다. 다만 잔해 속에서 쓸쓸하게 자리 잡고 있는 요한의 무덤만이 모처럼 찾아간 순례자들의 발걸음을 멈추게 하였다. 요한은 서기 90년 경 에베소에서 약 60km 떨어진 에게해 밧모섬에서 유배생활(流配生活)을 하였다. 말년(末年)에 풀려나 이곳으로 와서 복음(福音)을 전하며 살다가 생애를 마쳤다고 한다. 그런 연유로 요한의 무덤과 기념교회가 이곳에 있게 된 것이다. 우리는 그곳에서 잠시 기도를 하고 그 자리를 떠났다.

요한기념교회에서 세계7대불가사의(世界七大不可思議) 중 하나인 아르테미스신전의 높은 기둥 하나가 멀리 보였다. 기둥의 높이가 190m나 되는데 모두 127개였다고 한다. 그러나 지금은 기둥 하나만 남아 있을 뿐이다.

아르테미스신전은 지진이 그냥 두지 않았다. 모두 7번이나 건축하였다가 7번이나 파괴되었다. 아르테미스신전은 에베소의 대표적인 유적이었다. 풍요(豊饒)와 다산(多産)의 여신 아르테미스는 제우스의 딸로서 일찍부터 에베소 사람들이 숭배하는 여신이었다.

그러나 BC 356년에 어떤 정신병자가 신전에 불을 질러 타버리고 말았다. 에베소 사람들은 불타버린 신전 때문에 고민에 빠졌다. 도대체 아르테미스여신은 자기 신전이 불타버리는 것도 막지 못하는 신인가하고… 에베소 사람들이 이렇게 고민에 빠졌을 때 현인(賢人)들이 묘안을 생각해냈다. 아르테미스여신은 마케토니아에서 출생한 알렉산더 대왕을 축하하기 위하여 출타했었다고.

그 후 알렉산더 대왕(大王)이 에베소를 방문했을 때 신전(神殿)을 자기가 복원해주겠다고 하였다. 에베소 사람들은 자기들 신전을 이방인(異邦人)이 재건한다는 것은 자존심이 허락하지 않았다. 그렇다고 정복자의 의사(意思)를 거절할 수도 없었다.

  현인들은 다시 지혜를 모았다. 그 결과 대왕은 신(神)이기 때문에 신이 신의 집을 지을 수가 없다고 거절하였다. 그리고 그들은 많은 돈을 모아서 신전(神殿)을 재건하였다. 신전 규모는 전면 70m, 측면 130m, 높이 20m로 아테네에 있는 파르테논신전보다 4배나 더 큰 신전이었다. 그리하여 아르테미스신전은 세계7대불가사의의 하나로 뽑히기도 되었다. 그러나 지금은 높은 기둥 하나만 외롭게 서 있을 뿐이다. 아르테미스여신을 팔아 장사를 하던 사람들은 에베소에서 복음(福音)을 전하는 사도 바울(Paul)을 모함하고 핍박한 사람들이었다.

  우리는 요한기념교회 터 뒤에 있는 동로마시대 성벽에 오르고 싶었으나 시간관계로 아쉬움을 남겨두고 그곳에서 내려왔다. 우리가 탄 버스는 요한기념교회에서 7km 떨어진 부르부르(Brubru)산 속에 있는 성모 마리아의 집으로 갔다. 요한복음 19장을 보면 예수가 십자가 위에서 요한에게 마리아를 부탁하는 장면이 나온다. 요한은 이 말을 잊지 않고 마리아를 모시고 에베소로 왔다고 한다. 마리아는 이곳에서 64세까지 살다가 하나님 품으로 돌아갔다고 한다.

  이런 사실은 세월이 지나면서 잊혀 졌다가 1878년 케더린이라고 하는 수녀(修女)가 계시(啓示)를 받고 고증을 거쳐 1966년 교황에게 알려서 공식적으로 마리아의 집을 성지(聖地)로 선포하였다. 우리 일행이 방문했을 때 교회 안쪽에서 한국말로 부르는 찬미가(讚美歌) 소리가 들렸다. 한국 수녀들이 방문하여 부르는 노래인 것 같았다. 마리아의 집은 산을 등에 지고 돌로 지은 아담한 집이었다. 마리아의 집 마당에는 순례자들이 기도문을 써서 매달은 새끼줄이 눈길을 모았다. 한글로 쓴 기도문도 꽤 많았다.

우리는 다시 버스를 타고 내려오다가 조그만 조형물 앞에서 내렸다. 그곳에는 한글로 '누가의 묘'라고 쓴 안내판이 있었다. 신약성경 누가복음과 사도행전을 쓴 의사(醫師) 누가(Luke)의 묘였다. 누가의 묘는 부서진 건물 잔해 가운데 파묻혀 있었다. 어쩐지 쓸쓸한 느낌이 들었다. 그러고 보니 오늘은 예수의 열두제자 가운데 요한과 누가의 묘를 보았다. 이런 인물을 만남으로써 나는 나를 뒤돌아보며 새로운 삶을 결단하는 계기가 되어서 좋았다.

27 에베소교회는 어디 있나

　에베소(Ephesus)는 신약성경에 나타난 에베소서를 통하여 우리에게도 널리 알려진 곳이다. 셀축에서는 3km를 두고 있었다. 우리 일행은 셀축 관광을 마치고 성모 마리아의 집을 다녀오다가 폐허(廢墟)로 변한 고대도시 에베소로 들어갔다.
　에베소는 사도 바울이 제2차, 제3차 전도여행을 왔던 곳이다. 사도 바울은 3년 동안이나 이곳에 머물면서 전도하다가 아르테미스여신(女神)을 숭상하는 이방교도(異邦敎徒)들로부터 박해(迫害)를 당한 곳이다. 그러므로 기독교와는 불가분의 관계를 가진 곳이기도 하다. 우리 일행은 일반 여행객들과는 반대로 남문으로 입장했기 때문에 북문으로 입장한 다른 관광객들과는 반대로 엇갈리며 관광을 했다.
　말하자면 뒷문으로 들어가 뒤란부터 보면서 정문으로 나온 격이다. 입장권을 들고 들어가자 그 옛날 건설했던 도시의 윤곽(輪廓)이 어렴풋이 머릿속에 그려졌다. 이곳은 폐허가 된 도시가 아니라 마치 고대도시가 잠자고 있는 것처럼 느껴졌다. BC 7세기 경 도시의 모습이 그대로 연상되었다. 대리석이 깔린 도로(폭 21m)를 사이에 두고 오른쪽에는 경기장이 있고 왼쪽에는 대형시장이 있었다고 한다. 경기장 터는 그 규모로 보아 오늘날의 체육관 규모와 별로 차이가 없었

에베소 원형극장

던 것 같다. 대형시장 아고라(agora)도 역시 그 규모로 보아 이용하는 인구가 대단했던 것 같다.

도로 양 옆에는 대리석 기둥이 햇빛에 반사되어 눈이 부시었다. 정말로 엄청난 대리석(大理石) 기둥이 숲을 이루었다. 대리석을 깔아 만든 도로는 트럭 두 대가 통과할 만큼 넓었다. 2천여 년 전에 이 같은 도로를 만들었다는 것을 생각을 할 때 감탄사가 나오지 않을 수가 없었다. 관광객들은 대리석을 밟고 지나가면서 신기한 느낌이 드는 듯 너나 할 것 없이 싱글벙글 웃으며 걸어갔다. 경기장 자리를 비켜서 조금 내려가니 에베소 대의원(代議員)들이 모여서 회의를 했던 오데온(Odeon)이 있었다. 오데온은 작은 원형극장(圓形劇場)으로 음악당(音樂堂) 역할을 하며 때로는 300명 정도의 대의원(代議員)들이 모여서 회의를 하였던 장소였다. 그러나 때로는 1,200명까지도 수용하였다고 한다. 우리들은 객석(客席)에 앉아서 한참동안 여행담을 늘어놓다가 한 회원이 새타령을 흥겹게 불러서 한 때나마 여행의 피로를 잊고 즐거워했다. 외국에서 듣는 우리 민요는 다른 어느나라 음악과 비할 바가 아니었다.

오데온을 지나서 하드리아누스(Hadrianus)신전까지 걸어가는 사이에 각양의 건축물이 내려 앉은 채 때로는 조금이나마 옛 모습을 보여주면서 계속 이어져 있었다. 시리아풍으로 조각된 신들의 부조(浮彫)가 가득한 하드리아누스신전(神殿)은 한눈에 보아도 조각 솜씨가 뛰어난 걸작품이 많았다. 하드리아누스신전은 로마 황제 하드리아누스(Hadrianus)를 받들어 지은 신전인데 정면 현관의 장식이 화려하였다.

무지개문 중앙에는 여신 티케(Tyche) 조각상이 눈길을 모으고 문 안쪽에는 역시 여신 메투사(Medusa)가 양손을 벌린 채 서 있는 모습이 인상적이었다. 메투사 주변에는 그리스 신화에 등장하는 신들과 아마존 동물이 부조되어 있었는데 조각 작품을 보고 있노라니 마치 그리스신화를 읽는 듯하였다

하드리아누스신전 옆에 있는 트라야누스의 샘은 삼각지붕의 특색과 함께 과거의 웅장한 모습을 상상할 수 있었다. 옛날에는 저수지가 있어서 트라야누스(Traianus)샘에서 흘러나온 물이 저수지를 통과하여 트라야누스(Traianus)여신 조각상 발밑으로 흘러내려갔다고 한다. 그리고 그 물은 화장실로 흐르게 하여 수세식화장실로 이용하였다고 한다. 이 수세식화장실에서는 정객들이 앉아 변(便)을 보는 척하며 은밀한 로비도 하고 거래도 하였다고 한다. 로마식 화장실은 더러운 것을 씻어내기 보다 추악한 것을 주고받던 장소로 이용했던 것 같다.

하드리아누스신전을 지나서 도로가 기역자로 꺾이자마자 그 앞에 에베소에서 가장 아름답다는 세루시우스도서관 건물이 나왔다. 이 건물은 성경에 나오는 두란노도서관(hall of Tyrannus)으로 추정하고 있다. 에베소 도서관은 일찍이 이곳에서 활약했던 그리스 철학의 아버지 텔레스(Thales)와 클레이토스(Clitus)의 학문 전통을 이어 오는 곳으로 로마제국 내에서 제일 큰 도서관이었다. 도서관은 2층 건물인데 정면만 남아 있었다. 목조(木造)부분은 화재로 소실되고 나머지 부분도 지진(地震)으로 모두 파손된 상태였다. 정면에는 지혜(知慧), 운명(運命), 학문(學文), 미덕(美德)을 상징하는 여성의 조각상이 놓여 있었다. 이 도서관에는 그 당시 1만 2천 권의 도서를 소장하고 있었다고 하니 그 규모를 상상할 수 있었다.

도서관에서 100m 쯤 걸어가니 피온산을 배경으로 한 야외극장이 있었다. 부채꼴로 넓게 퍼진 이 원형극장은 3단 구조로 되어 있었다.

1단이 22계단으로 되어 있는데 직경이 154m 높이가 34m로 된 반원형극장이었다. 수용인원은 2만 4천 명이나 된다고 하는데 무대에서 하는 말은 객석 어느 곳에서나 똑 같이 들리도록 설계되어 있다니 놀라지 않을 수 없었다. 그리고 이곳에서 맹수와 투사(鬪士)가 결투를 하였던 곳이라는 것을 생각할 때 나는 나도 모르게 소름이 끼쳤다.

그 뿐만 아니라 아르테미스(Artemis)여신을 숭상하는 사람들이 기독교 복음(福音)을 전하는 사도(使徒) 바울을 반대하는 운동을 벌린 곳이다. 사도 바울은 두 번이나 이곳을 찾아와서 전도하고 에베소교회를 설립하였다. 그러나 아르테미스신전을 이용하여 큰돈을 벌 던 에베소 상인들과 관리들은 사도 바울을 모함하고 핍박하였다. 그런 와중에도 기독교가 이곳에서 뿌리를 내릴 수 있었던 것은 아굴라 부부와 디모데가 바울과 합심하여 아름다운 결실을 맺었던 것이다. 그럼에도 불구하고 지금 에베소교회의 흔적은 찾을 길이 없었다.

원형극장 앞에서부터 항구까지 550m는 대리석이 깔린 도로였다. 도로 양 옆에는 아고라와 목욕탕의 옛터가 있었는데 지난날의 화려했던 모습을 짐작하게 하였다. 그리고 그 주변에는 확인 할 수 없는 유적들이 아무렇게나 흩어져 있었다. 그러나 그 넓은 에베소 유적지에서 에베소교회는 찾을 길이 없었다.

28 바울기념교회가 있던 비시디아 안디옥

　오늘은 갑바도키아(kappadokia)까지 가는 날이다. 파묵칼레(Pamukkale)에서 갑바도키아까지는 660km나 되는데다가 중간에 비시디아 안디옥과 이고니온(Iconium)을 들리기 때문에 13시간이 소요된다고 한다. 우리들은 아침식사를 6시 30분에 마치고 7시에 호텔을 출발했다. 하늘에는 하얀 새벽달이 떠있었다. 버스는 아름다운 파묵칼레를 뒤로 하고 새벽 공기를 가르며 달리기 시작했다. 우리 일행들은 버스가 출발하기를 기다렸다는 듯이 모두 꿈나라로 달려 가고 있었다. 창 밖에는 민둥산이 계속 지나갔다. 이따금 이태리 미루나무 숲이 나타나기도 했지만 주위 경관과는 전연 어울리지 않았다.

　얼마나 달렸을까. 갑자기 동행한 어린아이가 배가 아프다고 우는 바람에 일행들은 모두 잠에서 깨어났다. 그와 함께 버스가 고갯길을 넘으면서 드넓은 호수가 나타났다. 에기르디르(Egirdir)라고 하는 호수였다. 호수를 둘레에는 낮은 산봉우리들이 병풍처럼 둘러 있었다. 어느 산 정상에는 성채(城砦)가 하나 보였는데 그 모습이 여간 아름답지 않았다. 버스는 에기르디르호수를 보여주며 계속 달렸다. 달리는 버스 아래로는 과수원(果樹園)이 계속 이어지고, 그 뒤로는 쪽빛

바울기념교회

St. PAUL KİLİSESİ

KENTİN BATISINDA SUR DUVARINA YAKIN BİR YERDE BULUNMAKTADIR. İ.S. 46 YILINDA St. PAUL UN İLK RESMİ VAAZINI VERDİĞİ SİNAGOG ÜZERİNE, İ.S. 325 YILINDA İNŞA EDİLMİŞTİR. BU YAPI, DÜNYADA St. PAUL'A ADANAN İLK VE EN BÜYÜK KİLİSE OLMA ÖZELLİĞİNİ KORUMAKTADIR.

THE CHURCH OF ST. PAUL

LOCATED IN THE WESTERN PART OF THE CITY NEAR THE RAMPARTS WAS BUILT IN 325 A.D. ON THE SITE OF THE SYNAGOGUE WHERE St. PAUL FIRST PREACHED TO THE GENTILES IN 46 A.D. THIS IS THE WORLD'S EARLIEST CHURCH CONSECRATED TO St. PAUL, AND THE LARGEST OF ITS PERIOD.

호수, 그 너머로는 눈을 모자처럼 뒤집어쓰고 있는 높은 산… 그야말로 한 폭의 그림 같았다. 버스는 마치 아름다운 호반(湖畔)의 풍경을 보여 주기라도 하는 것처럼 호수를 옆에 끼고 달렸다. 마침 운전기사가 터키 민요(民謠)를 들려주어서 우리들은 여행의 즐거움을 한층 더 누리었다.

  호수를 뒤로 한 뒤에도 터키의 아름다운 풍경은 계속되었다. 그러나 단조로운 풍경이 나타나면서부터 다시 지루함이 느껴졌다. 그러자 이한섭 교수가 '어른의 말대로 하여야 하느냐, 법대로 하여야 하느냐'라는 제목으로 특강을 하였다. 여행의 또 다른 재미를 느낄 수 있었다. 역시 여행은 구성원들이 좋아야 즐겁다. 우리는 중간 휴게소에서 터키요리로 점심을 먹었다. 세계3대요리로 꼽히는 터키요리는 우리를 또 한 번 즐겁게 하였다.

  점심을 먹은 뒤 식곤증(食困症)에 시달리다가 비시디아 안디옥에 도착했다. 버스에서 내리자마자 고적(古蹟)을 발굴하고 있는 모습이 눈에 들어왔다. 고대 도시의 규모는 짐작이 되지 않았다. 우리가 내린 주차장 뒤 언덕에는 아치형 동굴이 보였는데 바울의 동역자(同役者)였던 테클라(Theacla)란 여인이 고난(苦難)을 당한 곳이라고 한다.

  로마인들이 2천 년 전에 만들어 놓은 마차 길을 따라 올라갔다. 구릉(丘陵)이 이어지고 있는 산등성이에는 여기저기 로마시대의 잔재(殘在)들이 눈에 띄었다. 우리 일행은 눈길을 밟으며 바울기념교회가 있던 자리로 갔다. 교회 규모가 상당히 컸던 것 같았다. 바울기념교회는 유대인의 회당(會堂) 위에 세워졌는데 가로가 20m 세로가 60m였다. 주변에는 십자가를 새긴 돌들이 여기저기 널려 있고 한쪽에는 당시 세례(洗禮)를 베풀던 세례 터도 보였다.

바울은 유대인 회당에 들어가 복음(福音)을 전했다. 그 결과 이튿날 성안에 사는 모든 사람들이 바울을 찾아와 설교를 들었다. 유대인 지도자들은 이를 시기하여 바울과 동행한 바나바를 성 밖으로 내쫓았다(사도행전13:14~41) 처절한 장면이 떠올랐다. 이곳은 그야말로 신약성경의 한 페이지가 쓰여 진 역사적인 현장이었다. 그러나 지금은 아무렇게나 방치해둔 채 바울기념교회 터라는 표지판만 쓸쓸하게 서 있었다.

우리 일행은 착잡한 심정으로 버스에 올랐다. 여기서 이고니온까지는 120km라고 한다. 이고니온의 현재 이름은 코니아이다. 바울은 비시디아 안디옥에서 이 먼 곳까지 달려와서 복음을 전했던 것이다. 그 결과 많은 사람들이 바울의 설교를 받아들였다. 그러자 유대인들은 군중을 선동하여 바울과 바나바를 돌로 치려고 하였다. 사도들이 이처럼 핍박을 당했던 곳이다. 지금은 이를 기념하는 바울기념교회가 시내 한 복판에 있다. 우리들은 그 곳을 들리지 못하고 버스 속에서 십자가를 바라보는 것으로 만족하여야 했다. 그러나 여행 가이드는 그런 교회가 있는 줄도 모르고 있었다.

이고니온은 이슬람교 신비주의의 하나인 메블라나(Mevlana)교단의 발상지로 유명한 곳이다. 우리 일행은 버스를 한 곁에 세워 두고 알라딘(aladin)사원으로 들어갔다. 알라딘사원은 서기 1221년에 건축되었다고 하는데 기둥은 로마시대의 건축양식이었다. 이로 보아 전에 있던 건축물을 재활용하여 건축한 것으로 보였다. 사원 안에는 푸른빛이 들어오고 바닥에는 카페트가 깔려 있었다. 그래서 경건한 느낌마저 들었으나 건물 안에 찌들어 있는 퀴퀴한 냄새는 코를 자극하다 못해 역겹기 까지 하였다. 그 가운데서 터키 사람들은 절을 계속하며 기도를 하고 있었다. 본당(本堂) 뒤쪽에는 여자들만 모여서 기도하고 있었다. 여자들은 본당에 들어 갈 수 없기 때문이었다. 본래 메블라나 교도들은 고깔모자를 쓰고 허름한 옷을 입은 채 그들의 음악에 맞추어 춤을 추는 것으로 유명한데 잠시 들리는 우리들은 볼 수가 없었다. 메블라나(Meviana) 교단은 제럴레인 루우미(1204~1273)가 창시하였는데 현재 인도에서부터 모로코까지 전파되어 있다고 한다.

이고니온은 이처럼 이름도 바뀌고 종교도 바뀐 곳이 되었다. 바울은 온갖 핍박과 고난을 당하면서도 이곳 이고니온을 비롯하여 비시디아 안디옥, 루스드라, 더베를 돌며 복음을 전하였다. 신약성경 갈라디아서는 바로 이 지역 교인들에게 바울이 보낸 편지인 것이다. 이고니온, 아니 코니아는 오늘날 터키의 4대도시 중에 하나라고 하는데 우리는 시간에 쫓겨서 알라딘사원(寺院) 하나만 보고 떠나게 되었다. 아쉬웠다. 파묵칼레에서부터 이곳까지 7시간에 걸쳐 440km를 달려왔는데 앞으로도 목적지인 갑바도기아까지는 약 3시간 30분에 걸쳐 226km를 더 가야되기 때문이었다.

버스는 다시 달리기 시작했다. 여기서부터는 안개지역이었다. 들판에는 눈이 한 뼘이 넘게 쌓여 있었다. 도로에는 차가 많이 다니지 않아서인지 빙판길이 이어졌다. 거기다가 어둠이 깔리기 시작하면서부터 내 마음도 빙판길처럼 꽁꽁 얼어붙기 시작했다. 버스는 쉬지 않고 달려도 갑바도기아는 멀기만 했다. 이때 처음으로 지구가 참으로 넓다는 생각을 하였다. 우리는 저녁 9시가 넘어서 갑바도기아 호텔에 도착했다. 우리들이 호텔 로비에 들어서자마자 호텔 안내원은 우리들에게 오렌지주스를 한잔씩 돌렸다. 그것을 받아 마시자 그제야 얼었던 마음이 녹아내리기 시작했다.

29 갑바도기아의 지하도시

갑바도기아의 아침은 쌀쌀했다. 길가에는 녹아내리다가 얼어붙은 눈이 모처럼 찾아온 나그네의 마음을 을씨년스럽게 하였다. 그래도 마음에 그리던 갑바도기아를 둘러보게 되어서 즐거웠다.

우리를 태운 버스가 호텔을 출발한지 5분도 되지 않아서 기이(奇異)한 형상을 한 바위들이 나타나기 시작하였다. 어떤 것은 버섯 같은 형상을 하고, 어떤 것은 갓을 뒤집어 쓴 사람 같기도 하였다. 버스가 달리어 갈수록 천태만상(千態萬象)의 바위들이 우리를 내려다보고 있었다.

갑바도기아가 이런 현상을 하게 된 것은 수십만 년 전, 이곳에 있는 에르지에르산과 길류산에서 분출한 화산(火山) 때문이라고 한다. 당시 화산재가 지면 위로 1,200m나 높이 쌓여서 응회암(凝灰巖)이 되고, 그 뒤 세월이 흐르면서 응회암은 비바람의 침식활동으로 말미암아 이처럼 기기묘묘(奇奇妙妙)한 조각 작품을 만들어 놓은 것이다.

버스가 파샤바계곡에 도착하였다. 파샤바에는 버섯 모양을 한 커다란 바위들이 여기저기 산재(散在)하여 있었다. 어떤 바위는 호리호리한 몸매에 키가 작은 것도 있었지만 대개는 튼튼한 몸집에 키

기독교인의 고대도시 갑바도기아 풍경

가 30m, 내지 40m가 넘는 것도 있었다. 그 바위들 대부분은 그곳에는 사람들이 굴을 파고 살았던 집과 교회의 흔적이 그대로 남아 있었다. 그리고 어떤 버섯바위는 지금도 사람들이 살고 있었다.

갑바도기아의 현재 이름은 네브세히르(nevsehir)라고 한다. 역사적으로 볼 때 BC 12세기경에 히타이트왕국이 멸망하자 주변에 있는 왕국(王國)들끼리 각축장이 되었다. 그 뒤 BC 6세기 중반에는 페르샤의 지배를 받다가 BC 333년에는 알렉산더대왕의 지배를 받았다. 그러다가 아리아테라우스 2세가 이곳 갑바도기아오아국을 세웠으나 서기 17년에는 로마의 침략을 받아 멸망하고 그 후로는 로마의 식민지가 되었다.

이와 같이 왕국의 교체과정이 있을 때마다 패잔병(敗殘兵)들은 갑바도키아로 숨어 들어와서 소규모의 굴을 파고 은신하였다. 그러다가 서기 70년에는 로마제국이 예루살렘을 파괴하고 기독교인들을 박해(迫害)하자 소아시아에 살고 있던 기독교인들이 이곳으로 몰려와서 오늘날과 같은 역사적인 현장을 연출해 놓은 것이다.

사도행전을 보면 사도들이 예수 승천(昇天) 후 오순절(五旬節)날 다락방에서 각종의 방언으로 복음을 전할 때 그 자리에 갑바도기아 성도(聖徒)들도 있었다는 기록이 있다. 그리고 베드로전서에도 베드로가 갑바도기아 기독교인들에게 안부를 전하는 것으로 보아서 이 지역에 일찍이 기독교인들이 많았음을 알 수 있다. 그뿐 아니라 서기 4세기경에는 신학적으로 갑바도기아학파가 형성되었으리 만큼 기독교 신학자들도 많았던 것 같다.

버스가 우리를 인도한 곳은 이름도 괴상한 괴레메(Göreme) 마을이었다. 기묘한 바위들이 솟아있고 그 속에는 지금도 사람들이 살고 있었다. 그리고 동굴에는 창고, 식당, 호텔도 있었다. 한 마디로 말해서 인간과 자연이 하나가 되어 사는 곳이었다.

우리는 먼저 박물관으로 갔다. 매표소에서 입장권을 사서들고 뒤를 돌아보니 여자수도원이 보였다. 그곳에는 교회가 네 개나 있고 식당자리에는 아직까지 식탁도 있다고 하는데 둘러보지 못하여 아쉬웠다. 우리는 서기 6,7세기경에 건립한 드로무쉬 카타르교회와 11세기에 건립한 유수프 코치교회를 향해서 걸어갔다. 교회마다 아름다운 성화로 장식되어 있었다. 그리고 11세기경에 세워진 교회는 기둥이 있는 비잔틴양식을 따라 교회가 건축된 것을 볼 수 있었다.

오늘날 우리들의 안목으로 볼 때 매력 있는 성화는 아니었지만 그래도 1천 년 전 그린 그림치고는 경이롭다고 할 수 있겠다. 이슬람교가 들어오면서 성화는 훼손(毁損)된 채 오욕(汚辱)의 역사를 밟아 왔지만 이슬람국가에서 이만큼이라도 보존되었다는 것을 생각할 때 감사하지 않을 수 없었다.

괴뢰메에는 엘 말르교회, 뱀교회, 토칼르교회, 다크교회… 등이 있는데 갑바도기아 전역에는 이와 같은 동굴교회가 1천 개가 넘는다고 한다. 괴뢰메야외박물관을 돌아보고 나오면서 대체 나는 누구인가 하는 생각이 들었다. 내가 주님의 자녀라고 하면서 주님을 위해 무엇을 하였는가. 나는 나만 위해서 살아온 내 자신이 부끄러웠다.

갑바도기아에서 또 하나 명물은 지하도시(地下都市)였다. 우리가 찾아간 곳은 데린쿠유(Derinkuyu)라고 하는 곳이었다. 지하에 있는 응회암(凝灰巖)을 120m까지 파고 내려가서 지하도시(地下都市)를 만들었는데 지하 20층까지 있다고 한다. 그러나 관광객들에게는 지하 8층까지만 개방하고 있었다. 지하도시에는 수많은 방과 좁은 터널과 환풍 장치까지 있었다. 그리고 내부시설로는 포도주공장, 방앗간, 교회, 심지어는 신학교(神學校)까지 있었다고 한다.

우리는 안내자의 말을 듣고 그의 뒤를 따라 지하 동굴로 들어갔다. 지하도시는 사통팔달(四通八達)인데다가 어두컴컴하여서 앞에 가는 사람을 곧바로 따라가지 않으면 길을 잃을 것 같았다. 그만큼 동굴 내부는 밖에서 상상했던 것보다 훨씬 복잡하고 규모가 컸다.

지하 1층에는 마구간과 포도즙 짜던 방과 종교의식(宗教儀式)을 베풀던 넓은 공간이 있었다. 지하 2층으로 가는 통로 양쪽에는 방들이 나란히 있었는데 횃불에 그슬린 자국이 아직까지도 선명하게 남아 있었다. 부엌 옆에는 포도주 제조실과 포도주가 흘러가는 도관(導管)이 있었다. 지하 3층에서 5층으로 직접 가는 통로에는 비상시 막아주던 커다란 맷돌 모양의 돌이 있었다. 그리고 지하 5층과 6층 사이 통로 양쪽에는 사람들이 거주(居住)할 수 있는 방들이 있고, 통로 양쪽에는 등잔을 놓았던 자리도 보였다.

지하 7층에는 기둥 세 개가 받치고 있는 커다란 공간이 있는데 그곳에는 십자가(十字架) 형태로 된 교회와 함께 우물과 묘실(墓室)도 있었다. 그리고 지하 8층에는 작은 방들과 환기를 위한 굴뚝이 보였다. 이와 같은 환기 장치는 지하도시에 52개나 된다고 하였다. 지하도시의 규모나 범위는 참으로 광범위(廣範圍)하였다.

이런 시설의 규모로 보아 데린쿠유에는 엄청난 사람들이 살고 있었던 것 같다. 이것은 뒤에 안 일이지만 데린쿠유 지하도시에서만 1만여 명이 살았다고 한다. 그렇다면 갑바도기아 전역에 있는 지하도시에서 숨어 살던 기독교인은 얼마나 될까.

그들은 긴급한 상황이 발생하였을 때 다른 지하도시로 피신(避身)할 수 있는 지하 터널이 무려 9km까지 연결되어 있었다고 한다. 이처럼 갑바도기아에는 크고 작은 지하도시가 모두 36개나 있었다고 한다. 참으로 놀라운 일이다. 신앙을 지키기 위하여 목숨을 걸고 이

갑바도기아 겨울 풍경

곳까지 찾아와서 숨어 살던 초대교인들을 생각할 때, 그들에게 경의를 표하지 않을 수 없었다.

이란

30 동방박사교회
31 예수 제자 다대오순교기념교회
32 슬픈 역사를 간직한 반크교회
33 아라랏산 노아의 방주

30 동방박사교회

이란으로 출발하기에 앞서 가슴이 설레기 시작하였다. 이란은 이슬람국가인데다가 국제적으로 긴장관계를 유지하고 있기 때문이었다. 사실 여행을 결정하고도 주저하는 마음이 없지 않았다. 그래서 혹시나 하는 마음으로 여행 중에 예기치 않은 상황이 돌발했을 경우를 대비해서 여러 가지로 주의를 해야 했다.

이란으로 출발하기 하루 전에 이란항공회사로부터 전화가 왔다. 내용인즉 여자는 이란항공에 오르면서부터 머리에 검정 스카프를 쓰고, 소매가 보이는 옷을 입어서는 안 된다는 말과 함께 남자는 반바지를 입어서는 안 된다는 것이었다. 예상했던 일이기는 하지만 8월 무더위가 한참인 때 그것도 이란과 같은 열대지방에서 그런 복장을 하고 다닐 생각을 하니 생각만 해도 끔직한 일이었다. 그러나 어찌하랴. 로마에 가면 로마의 법을 따르라고 하지 않았던가. 이란에 가기 위해서는 어찌할 수가 없었.

이란 가는 비행기는 만원이었다. 뒤에 알고 보니 이란항공 IR 801편은 도쿄(東京)에서 출발하여 인천(仁川)에 기착하였다가 북경(北京)을 경유하여 테헤란으로 가는 비행기였다. 기내에는 일본인이 많았다. 그래서 그런지 기내 방송도 이란어와 영어 그리고 일본어였다. 거기다가 기내식도 이란식 식사와 일본식 식사였다. 그뿐만 아니라 일본식 식사를 원하면 메밀국수까지 제공되었다. 차(茶)도 녹차를 주면서 재팬니스 티이라고 하였다.

　기내에는 이란 여성들도 많이 있었는데 머리에 차도르(chador)를 쓰고 있는 여성은 보이지 않았다. 그들도 해외로 나오면 착용하지 않는 것이 좋은 모양이었다. 그것을 보자 스카프를 꺼냈던 아내는 도로 가방에 집어넣고 말았다. 오직 스튜어디스(stewardess)들만 차도로 비슷한 특이한 모자를 쓰고 서비스를 하고 있었다.

　식사를 마치자 기내에는 곧 코고는 소리가 들리기 시작하였다. 나는 이란을 공부하기 위해서 준비해온 책을 펼쳤다. 이란은 서남아시아에 위치하고 있는데 높은 산들로 둘러싸인 광대한 고원으로 영토 면적이 1,648,195㎢나 되었다. 이는 한반도의 7배나 되는 면적이다. 그러나 이 면적의 3분의 2는 사막이나 산으로 되어 있어서 국토의 사용면적은 많지 않았다. 인구는 2002년 통계에 의하면 약 6천 5백만 명 정도였다.

　수도(首都)는 국토의 북부에 있는 테헤란(Tehran)이고, 언어는 그들만이 가지고 있는 페르시아어를 사용하고 있으며 종교는 시아파 이슬람교를 국교로 삼고 있는 이슬람국가였다. 역사적으로 보면 BC 4천 년 전부터 인류가 살기 시작하여 한 때 서남아시아를 지배하기도 하였으나 대체로 주변 국가와 끊임없이 전쟁의 소용돌이 속에 휘말려온 국가였다.

　책을 보니 눈이 피로 하였다. 나도 다른 사람들처럼 자다 깨다를 반복하면서 시간 죽이기를 지속하였다. 그러다가 깊은 잠에 빠졌던 것 같았다. 얼마나 잤을까. 갑자기 기내가 술렁이기 시작하였다. 이란에 다 왔다는 것이다. 그리고 이란 여성들은 차도르를 꺼내어 쓰

동방박사기념교회

기 시작하였다. 이어서 비행기는 착륙을 하고 있었다. 시간을 보니 인천을 출발한지 11시간이 지났다.

이튿날 아침 일찍 공항으로 나갔다. 6시 반에 우루미(Urmi)로 가는 비행기를 타기 위해서였다. 공항은 여행객들로 인하여 북새통을 이루고 있었다. 마침내 탑승수속이 시작 되었다. 한 가지 희한한 것은 탑승수속을 할 때나 공항을 드나들 때마다 남녀별로 출입구가 따로 있었다. 이런 규칙은 이란을 떠나 올 때까지 줄곧 지켜야만 하였다.

비행기는 탑승이 완료 되었는데도 출발하지 않았다. 기체에 이상이 있다는 것이다. 무려 40여 분이 지나서야 안 되겠다는 것이다. 비행기에서 다시 공항 대기실로 돌아왔다. 무료한 시간을 또 보내어야 했다. 다시 한 시간 넘게 지난 뒤에야 탑승이 시작 되었다.

테헤란 공항을 출발한지 1시간 30분이 지나서야 우루미에 도착하였다. 그런데 우리 일행을 기다리고 있어야 할 버스가 없는 것이었다. 가이드가 연신 어디로인가 전화를 한 끝에 30여 분이 지나서야 미니버스가 도착하였다. 그나마 고물(故物) 버스였다. 거기다가 에어컨마저 없기 때문에 버스 안은 찜통이었다.

버스 기사는 우리들이 목적지로 정한 동방박사교회(東方博士教會)의 위치를 모르는 모양이었다. 버스는 도시를 빙빙 돌고 있었다. 찜통더위 때문에 신경이 날카로워진 일행들은 불평을 하기 시작하였다. 그 제서야 기사가 지나는 사람들에게 길을 묻는 것 같았다. 동방박사교회는 우리가 있는 곳에서 지척에 있었다. 이것이 이란의 현실이었다.

동방박사교회는 골목 안으로 들어가서 맨 끝에 있었다. 현지에서 부르는 교회 이름은 케리써에 마리얌교회였다. 우리말로 하자면 마리아교회라고 부르는 것이 타당할 것이다. 그런데도 사람들이 동방박사교회라고 부르는 것은 교회 내부에 동방박사의 무덤과 비석(碑石)과 동방박사기념관이 있기 때문이라고 하였다.

성경에 의하면 예수가 탄생했을 때 동방박사(東方博士)가 별을 보고 예수가 태어난 베들레헴에 찾아와서 황금과 몰약(沒藥)과 유향(乳香)을 드린 기사가 있다. 성경에는 동방박사가 어디서 왔다는 기록이 없다. 그런데 뜻 밖에도 동방박사가 이곳 사람이라고 하니 놀라지 않을 수 없었다. 그 당시 동방박사는 이곳에서 이스라엘까지 그 먼 길을 어떻게 다녀왔을까.

동방박사는 본래 이란의 토착종교인 조로아스터교(拜火敎)를 숭배하는 신자였다. 그는 하늘의 이상한 징조를 발견한 뒤 구세주(救世主)가 탄생할 것을 예견(豫見)하고 별을 따라 베들레헴까지 갔던 것이다. 동방박사는 아기 예수에게 경배(敬拜)한 뒤에 이곳으로 돌아와서 배화교 신전(拜火敎神殿)이었던 이곳에서 예수를 섬기게 되었다. 그리고 일생을 다 마친 뒤에 교회 아래에 묻혔다. 이런 풍습은 유럽 천주교(天主敎)에서도 흔히 볼 수 있는 일이기 때문에 별로 이상한 일이 아니다.

철문 안으로 들어가니 좁은 공간에 현대식으로 잘 지어진 교회와 함께 동방박사교회가 나란히 이어져 있었다. 동방박사교회는 초라하기 짝이 없었다. 원래 있었던 배화교 신전(神殿)을 헐고 그 위에 새로 건축한 것이라고 하는데 외양(外樣)은 교회처럼 보이지도 않았다. 건축 당시 지하에서 많은 비석이 나왔는데 그것은 담장 벽에 세워져 있었다. 그리고 동방박사 비석은 구 쏘련에서 가져갔는데 현재는 우크라이나의 키에프(Kef)박물관에서 소장하고 있다고 한다.

교회건물 지하는 동방박사기념관으로 사용하고 지상은 교회로 사용하고 있었다. 기념관(記念館)으로 들어가는 출입문은 너무 낮고 좁아서 한 사람 씩 들어가야 했다. 내부는 매우 협소하였으나 그 안에는 세례(洗禮)터와 화덕이 있던 자리에 굴뚝 흔적도 보였다. 그리고 동방박사 무덤 하나와 순교자(殉敎者) 무덤 세 개가 있었다. 이들이 있었기에 이 교회는 배화교와 이슬람교의 온갖 핍박을 받으면서도 지금까지 십자가(十字架)가 꺾이지 않았다는 사실을 생각할 때 머리가 절로 숙여졌다. 하나님을 위하여 핍박을 받는다는 것은 힘들고 고통스러운 일이지만 그 결과는 아름다운 것이다.

31 예수 제자 다대오순교기념교회

　동방박사교회를 둘러보고 우리 일행은 나무 그늘에서 쉬고 있었다. 새로 교체해서 돌아오는 버스를 기다리는 것이다. 그렇지 않아도 비행기가 늦게 출발하여 1시간이나 늦었는데 또 이렇게 늦장을 부리니 초조하지 않을 수 없었다. 아무래도 이란 관광은 차질이 생길 것 같아서 가이드에게 항의했지만 소용이 없었다. 여기가 이란이라는 것이다. 더 이상 이야기하면 가이드와 사이만 나빠질 것 같아서 참기로 했다.

　버스는 40분 쯤 지나서 도착했다. 다행히 대형버스인데다 에어컨도 작동되는 버스였다. 우리 일행은 감사한 마음으로 여행을 다시 시작하였다. 버스는 살벌한 풍경을 계속 보여 주며 달리고 있었다. 사막의 연속이었다. 산도 들도 황량(荒凉)하기 그지없었다.

　오늘 우리의 제1차 목적지는 터키 국경선 가까이에 있는 마쿠라는 곳이었다. 가이드의 말에 의하면 우르미에서 마쿠까지는 250km라고 했다. 소요되는 시간은 4시간 정도 걸릴 것이라고 하였다. 마쿠로 가다가 중도에서 세계 최대의 소금호수를 관광한다고 하였다. 이스라엘에 있는 사해(死海)보다 훨씬 크다는 것이다. 그 말을 듣자 정신이 번쩍 들었다. 소금호수라는 말이 내 마음을 흔들었다.

지금으로부터 약 2만 년 전 지각변동(地殼變動)으로 인하여 바다물이 함몰(陷沒)되었다가 소금이 되어 땅에 묻히기도 하고, 더러는 육지 가운데 갇혔다가 물이 증발되어 소금사막을 이루기도 하였다. 소금사막은 볼리비아에도 있다. 그리고 폴란드와 우크라이나, 오스트리아에는 소금 광산이 있다. 이를 생각하면 신기한 생각이 든다. 유럽에서 한때 소금이 화폐처럼 통용되던 때가 있었다. 그래서 소금은 부(富)를 축적하는 수단이 되기도 했었는데 이런 사막에 소금호수가 있다고 하니 관심이 가지 않을 수 없었다.

버스 창밖에는 여전히 사막(沙漠)이 펼쳐지고 있었다. 이따금 가난한 마을이 보이기도 하였다. 마을에는 햇볕에 그을린 아이들과 몇 마리의 양들이 초라한 전원(田園) 풍경을 보여주고 있었다. 마음이 씁쓸했다. 이란은 국토 면적이 165만㎡로 한반도의 7.5배나 되지만 그중에 4분의 3이 사막(沙漠)이라고 하니 부러울 것이 없었다.

버스가 두 시간 쯤 달린 뒤에 제법 큰 도시를 만났다. 여기서 점심을 먹기로 했다. 우리가 들어간 호텔 식당에는 이란인들이 식사를 하고 있었다. 우리들이 식당 안으로 들어가자 그들은 신기한 일이라도 벌어진 듯이 우리들을 바라보았다. 아마 동양인(東洋人)을 처음 보는 것 같았다. 그들은 눈빛으로 뭔가 호의(好意)를 보여주고 있었지만 서로가 벙어리들이라 아쉬움만 갖게 하였다. 이런 때 한국을 알리는 조그만 선물이라도 가지고 갔으면 얼마나 좋았을까. 뒤늦게 후회하는 마음이 메아리쳤다. 지금도 순박하게 보였던 그들의 검은 눈동자가 잊혀지지 않는다.

다시 버스에 올랐다. 버스는 똑 같은 풍경을 보여주며 달렸다. 한 가지 신기한 것은 사막 가운데 그들의 최고 지도자 하메네이(Khamenei)와 대통령 하타이(Hatay)의 커다란 초상화(肖像畵)가 우리나라 옛날극장 간판처럼 세워져 있었다. 독재국가에서만 볼 수 있는 풍경이지만 어쩐지 그들의 모습이 측은하게만 느껴졌다.

조금 가다가 가이드가 오른쪽 벌판을 가리키며 그 곳에 소금호수가 있지만 시간 관계로 갈 수 없다고 하였다. 가뜩이나 기대하고 있던 터라 실망도 그만큼 컸다. 그러나 시간 관계로 그렇다고 하니 어찌 하겠는가. 다시 한 번 여기가 이란이라는 사실을 실감하였다.

차창(車窓) 밖의 풍경은 변함이 없었다. 지루한 풍경만 계속 보여주었다. 나는 나도 모르게 잠이 들었다. 얼마나 잤을까. 사람들이 떠드는 소리에 잠을 깨고 보니 눈앞에 단아한 모습을 하고 있는 하얀 집이 한 채 보였다. 아름다웠다. 얼른 보아도 잘 지은 집이라는 것을 한 눈에 알 수 있었다. 말이 나왔으니 말이지만 잘 지은 집을 발견하면 미인을 만났을 때처럼 가슴이 설레는 것을 어찌 할 수가 없다. 이것은 건축미를 아는 사람들만이 느끼는 것이지만 혼자서만 그 희열(喜悅)을 느끼고 싶지 않았다. 그래서 더러는 괴성(怪聲)을 지르면서 감탄(感歎)하기도 한다. 옆에 있는 사람이 보면 꼭 미친 사람처럼 보이겠지만 어찌 할 수 없는 일이다. 이날도 나는 건물의 아름다움 때문에 연신 감탄을 하면서 카메라 셔터를 누르기에 정신이 없었다.

주위를 둘러보니 작은 마을이 보였다, 여기가 가레켈리써라고 하였다. 가레는 검다는 뜻이고 켈리써는 교회라는 뜻이라고 한다. 그러니까 검은 교회라는 뜻이다 이는 교회 내부가 검은 돌로 만들어졌기 때문에 붙여진 이름이었다. 얼른 보기에 어느 귀족의 별장처럼 보였다. 건물은 사괴석(四塊石)으로 높이 쌓은 기단 위에 아주 얌전한 모습을 하고 앉아 있었다.

건물 중앙에는 장중하게 보이는 팔각형 첨탑(尖塔)이 있고, 그 오른쪽에는 원뿔모양의 작은 첨탑이 있었다. 이를 보아서는 교회라는

사도 다대오순교기념교회

느낌이 들지 않았다. 그런데 자세히 보니 건물 벽에 십자가(十字架) 문양이 새겨져 있었다. 교회 건물에 새겨져 있는 조각이나 문양(紋樣)이 모두 예사롭지 않았다. 더러는 사실적이고 더러는 상징적으로 처리하였는데 그 솜씨가 비범하지 않았다. 아주 섬세하고 예술적이었다. 이런 사막 가운에 이런 건물이 있다는 사실이 믿어지지가 않았다.

건물 안에는 예수의 열두 제자 중에 하나인 다대오(Thaddaeus)의 무덤이 있었다. 그러니까 이 건물은 다대오의 묘지 위에 세워진 교회였다. 말하자면 다대오순교기념교회(殉教記念敎會)였다. 다대오는 예수의 열 두 제자 중에 한 사람으로 누가복음에는 야고보의 아들 유다라고 기록하고 있다. 여기서 유다란 가룟 유다를 말하는 것이 아니다. 예수의 제자들이 모두 이국(異國) 땅에서 복음(福音)을 전하다가 순교했다는 사실은 알고 있었지만 다대오가 이곳까지 와서 순교를 했다는 사실은 알지 못 하였다.

그 당시 아르메니아의 왕 업커르가 중병(重病)에 걸렸다고 한다. 그는 백방(百方)으로 노력했으나 병이 낫지 않았다. 그런 어느 날 신하(臣下)로부터 유대에 사는 예수가 모든 병을 고친다는 소리를 듣고 왕은 예수를 초청하였다. 예수는 이 말을 듣고 아르메니아의 수도 얄씨어로 다대오를 보냈다. 다대오는 얄씨어로 와서 예수의 이름으로 업커르 왕의 병을 낫게 하였다. 이로 인하여 업커르 왕은 물론 아르메니아인들 모두가 세례(洗禮)를 받고 예수를 믿었다고 한다.

얼마 후 왕이 죽은 뒤에 그의 누이 아들인 써너다룩이 왕위에 올랐다. 써너다룩도 세례를 받은 기독교인이었다. 그러나 얼마 안 되어 그는 다대오에게 복음(福音)을 전하지 못하게 하였다. 다대오는 왕의 명령을 거역하고 계속하여 복음을 전하였다. 그리하여 다대오는 왕으로부터 처형(處刑)당하고 말았다. 그 뒤 아르메니아인들은 다대오의 시신(屍身)을 묻은 자리에 교회를 세우고 예배(禮拜)를 드리기 시작하였다. 그리하여 아르메니아인들은 지금도 매년 7월이 되면 25일부터 28일까지 이곳에 모여서 예배를 드린다고 한다. 이때는 전 세계에 살고 있는 아르메니아인들이 모이는데 매년 일만 명 내외의 성도들이 모인다고 한다. 놀라운 일이다. 호텔도 여관도 없는 이곳에 어떻게 그 많은 사람들이 모인단 말인가.

마쿠는 이곳으로부터 7km나 더 가야했다.

32 슬픈 역사를 간직한 반크교회

이스파한의 아침 햇살은 눈부셨다. 거기다가 열기(熱氣) 또한 뜨거워서 땀구멍으로 햇빛이 파고드는 것 같았다. 몸을 움직이기만 하면 땀이 온몸을 적셨다. 나는 버스에서 내린 다음 반크(Vank)교회로 가는 동안 계속해서 그늘만 찾아서 걸어갔다.

골목길을 몇 번이나 꺾고 꺾어서 걸어 간 다음 반크교회 앞에 이르렀다. 교회는 둘레가 높은 담장으로 이어졌다. 담장 안에 있는 교회의 모습은 잘 보이지 않았다. 거기다가 이슬람 사원(寺院)을 상징하는 모스크가 너무 강조 되어 있었다. 얼른 보아서는 이슬람사원처럼 보였다.

마침 문이 열려 있었다. 안을 들여다 보니 먼저 들어온 관광객들로 붐비고 있었다. 입장권을 손에 들고 안으로 들어가려니까 카메라 촬영권을 사야 된다고 하였다. 그리고 보니 비디오 촬영권도 사야 했다. 중동지역을 여행하다보면 이런 일은 다반사(茶飯事)라고 하겠다.

담장 안으로 들어갔다. 마치 이슬람사원을 연상시키는 교회 건물이 보였다. 겉모습만 보아서는 도저히 교회라고 할 수 없는데 자세히 바라보니 모스크 꼭대기에 조그만 십자가가 보였다. 나는 모스크 위에 있는 십자가가 신기하게 여겨졌다. 이슬람국가에서 작지만 십자가를 바라볼 수 있다는 사실이 이란을 떠나 올 때까지 내내 내 머리 속에서 맴돌았다.

반크교회가 있는 지역은 졸파(Jolfa)라고 하는데 기독교인들이 많이 거주하였던 지역이라고 한다. 반크교회는 러시아 정교회에 속한 교회였다. 이 교회는 1606년에 짓기 시작하여 1655년에 완공한 교회인데 건축양식은 모두 이슬람 사원(砂原) 양식을 따랐다. 아스파한에서 교회 건물이 세워지게 된 것은 당시 터키 경제를 위하여 아르메니아(Armenia) 상인들의 경제활동을 돕기 위해서였다고 한다. 바꾸어 말하면 페르시아의 경제 발전을 위하여 정책적으로 허락했던 것이다. 그 당시 졸파 지역에는 아르메니아인들이 참으로 많이 거주했던 것 같았다.

교회 건물 외벽은 황토로 만든 벽돌로 되어 있었다. 그 외벽에는 순교자(殉敎者)들의 묘비명(墓碑銘)이 광고판처럼 계속 이어져 있었다. 그것을 바라보면서 아르메니아 기독교인들이 얼마나 많은 핍박을 받으면서 신앙을 지켜 왔는가를 엿볼 수 있었다. 그리고 옆을 둘러보니 보이는 곳마다 석관(石棺)으로 되어 있는 무덤들이 놓여 있었다. 나는 무덤들을 둘러보면서 신앙을 위하여 죽는다는 사실이 얼마나 어려운 일인가를 생각하였다. 그 때 문득 누군가 '너도 이들처럼 죽을 수 있는가'라고 물었다. 나는 당황해서 얼른 대답을 하지 못하였다. 더 이상 음성은 들리지 않았다. 나는 가슴 속으로 울음이 시냇물을 이루고 있는 것을 누구에게도 말하지 못하였다.

교회 안은 제단(祭壇)에서부터 둥근 천장과 벽에 이르기 까지 온통 성화(聖畵)로 채워져 있었다. 성화는 며칠 전에 그린 것처럼 색채가 살아 있었다. 현란(絢爛)했다. 그 그림들은 성경을 배경으로 천지창조(天地創造)에서부터 바벨탑과 노아의 방주(方舟), 그리고 최후의 심판(審判)에 이르기까지 그려져 있었다. 그리고 십자가(十字架)에 못 박혔다가 부활(復活)한 예수의 모습과 제자들의 순교(殉敎)에 이르기까지 성경의 모든 것이 그림으로 그려져 있었다. 나는 성화를 감상하다가 일행과 떨어져 있는 사실도 잊고 있었다. 감동적이었다. 관람객은 계속해서 들어 왔다. 나는 그들에게 떠밀려서 교회 밖으로 나오고 말았다.

 햇빛이 눈부셨다. 잠시 동안 아무것도 보이지 않았다. 다만 머릿속은 조금 전에 보았던 성화들로 꽉 차있었다. 나는 다시 교회 안으로 들어갔다. 다른 외국인들이 비디오로 교회 내부를 촬영하고 있는 모습이 보였다. 그제야 나는 비디오 촬영권을 샀던 기억을 떠올렸다. 나는 손에 들고 있던 비디오로 벽화를 촬영하기 시작하였다. 그러면서 나는 아르메니아인들의 깊은 신앙심(信仰心)을 생각하였다. 순교를 각오한 그들의 신앙을…

 교회에서 얼마 되지 않는 곳에 교회박물관(敎會博物館)이 있었다. 박물관은 2층으로 되어 있었다. 계단을 밟고 박물관으로 올라갔더니 박물관 내부에는 관람객들이 만원을 이루고 있었다.

 박물관에 전시되어 있는 유물은 교회박물관 수준을 뛰어 넘는 보물(寶物)들이 너무 많았다. 필사본(筆寫本)으로 된 여러 가지 성경과 기독교의 희귀한 문서(文書)들은 말할 것도 없고, 교회 사제(司祭)들이 사용하던 여러 가지 기물(器物)들이 나의 시선을 끌어당겼다. 그 중에 나의 관심을 가장 많이 끈 것은 양피지(羊皮紙)에 쓴 조그만 성경책이었다. 성경책은 돋보기로 밖에 볼 수 없었는데 무게가 불과 0.7mg 밖에 되지 않는다고 하였다. 이 책은 세계에서 가장 작은 성경책이라고 하니 놀라지 않을 수 없었다.

 성경책보다 더 놀라운 것은 가느다란 머리카락에 금문자로 성구를

아르메니아인의 반크교회

쓴 것이었다. 돋보기로 바라보니 노란 금으로 쓴 글자가 또렷하게 보였다. 경탄(驚歎)하지 않을 수 없었다. 우리나라에서 불경(佛經)을 금물로 종이에 써서 책으로 낸 것은 보았지만 머리카락에 글을 썼다는 소리는 금시초문(今時初聞)이었다. 더구나 그 작은 글씨를 어떻게 썼단 말인가. 나는 그 사실도 놀라웠지만 글을 쓴 사람의 신앙심이 더 놀라웠다. 그런데 신앙의 자유가 없는 땅에서 신앙을 지키기 위하여 그런 곳에 성경을 필사하여 남 몰래 읽었다는 사실을 알고 나서 나는 나 자신의 믿음이 부끄러웠다.

이 외에도 사제(司祭)들의 복장(服裝)과 요대(腰帶), 사제모(司祭帽) 등을 비롯하여 여러 가지 모양의 십자가(十字架)와 아르메니아인의 학살사진들이 나의 발걸음을 놓아주지 않았다.

나는 이러한 유물(遺物)들을 바라보고 있는데 어떤 사람들은 전시된 유물은 보지 않고 사람들만 바라보고 있는 사람들이 있었다. 마치 사람을 감상하기라도 하는 듯이. 나는 이상한 생각이 들어서 주위를 둘러보았더니 그런 사람들은 한두 사람이 아니었다. 관람객의 절반은 그런 사람들이었다. 나는 참 희한한 사람들도 다 있다고 생각하였다. 그런데 나중에 알고 보니 그들은 감시 카메라 역할을 하는 박물관 경비원들이었다.

박물관을 나와서 출구 쪽을 바라보니 교회 앞에 종탑이 보였다. 아까 밖에서 교회로 들어 올 때 보았어야 할 종탑이 이제야 눈에 들어오는 것은 어쩐 일인가. 아마 조금 전에는 이슬람 사원처럼 보이는 교회 건물에 관심이 쏠려서 그랬던 것 같았다. 종탑도 사원건물처럼 이슬람 양식으로 되어 있는데 꼭대기에 첨탑(尖塔)을 세워놓고 그 위에 작은 십자가를 세워 놓았다. 어딘가 어색하다는 느낌이 들었지만 꼭 무엇이라고 말하기는 어려웠다.

종탑(鐘塔) 반대편에는 두 그루의 소나무가 있었다. 그 아래에는 네 개의 기둥으로 되어 있는 무슨 탑이 보였다. 한 무리의 여학생들이 묵념(黙念)을 하고 있는 모습이 보였다. 그리고 눈물을 훔치는 여인도 보였다. 나는 직감으로 예사로운 탑이 아닐 것이라는 생각을 하면서 그쪽으로 달려갔다. 그것은 1915년 터키군에 의하여 150만 명이라는 아르메니아인들이 학살당한 것을 추모하는 탑이었다. 아, 백년도 되지 않는 슬픈 사연이 이곳에 응집(凝集) 되어 있는 것이다. 지금 이란에는 아르메니아인들이 7만 명 정도 밖에 살고 있지 않다고 한다. 인간이 있는 곳엔 갈등이 있기 마련이지만 종교가 있는 곳엔 늘 전쟁이 끊이지 않았다. 종교는 정말 평화를 사모(思慕)하고 있는가.

33 아라랏산 노아의 방주

　이란에서 국경선을 넘어 터키로 들어갔다. 어둠이 스멀스멀 내려앉기 시작하였다. 우리들의 목적지는 노아의 방주(方舟)가 머물렀다는 아라랏산(Ararat산)이었다. 국경을 넘어 얼마 가지 않으면 아라랏산이 보인다고 하였는데 어둠이 앞을 가려서 산은 형태도 알 수 없었다.
　우리를 태운 버스는 호텔을 찾지 못하여 도시를 몇 바퀴나 빙빙 돌았다. 그렇게 1시간이 넘게 방황하다가 호텔에 도착했을 때는 밤 10시가 지난 뒤였다. 나는 테헤란에서 새벽부터 달리어 왔기 때문에 여간 피곤하지 않았다. 몸은 뜨거운 물에 데쳐 낸 시금치처럼 축 늘어져 있었다. 버스에서 하차하여 호텔 방에 들어가자마자 저녁밥도 먹지 않고 그대로 침대 위에 쓰러지고 말았다.
　이튿날 아침 일찍 일어났다. 호텔 밖으로 나갔다. 공기 맛이 좋았다. 호텔 앞에는 들판이 펼쳐지고 그 뒤로 멀리 구름 속에 머리를 감춘 높은 산이 보였다. 호텔 뒤 쪽으로는 기암괴석(奇巖怪石)으로 장식한 산이 둘러 있었다. 구름에 덮인 산이 아라랏산인지 아닌지 모르겠지만 그렇게 높은 산처럼 보이지는 않았다. 아라랏산은 해발 5,156m라고 하지 않던가.
　아침밥을 서둘러서 먹고 버스에 올랐다. 마침 이곳에 와서 선교활동을 하고 있는 선교사 한분이 우리를 안내하기 위하여 버스에 올라 왔다. 나는 그가 자리에 앉기도 전에 아라랏산이 어느 것이냐고 물었다. 그는 여기 사는 사람들은 이곳 모든 산을 아라랏산이라고 부른다고 했다. 높은 산은 아직도 구름에 가려서 정상은 잘 보이지 않았다. 나는 노아의 방주(方舟)를 보기 위하여 그 산에 올라 갈 것을 생각하니 가슴이 벅차오르기 시작하였다. 구약성경에 의하면 하나님이 이 세상을 물로 쓸어버릴 때에 노아의 방주가 아라랏산에 머물렀다고 기록되어 있기 때문이었다.

하나님은 사람들이 점점 죄악(罪惡)에 물들어 가고 있는 것을 보고 한탄을 하며 근심을 하였다. 그러다가 자기가 지은 인간을 더 이상 두고 볼 수 없어서 물로 쓸어버리기로 작정을 하였다. 그러나 하나님은 그 당시 의인(義人)이며 하나님의 뜻을 따르는 노아의 가족은 살려두기로 하였다.

하나님은 노아에게 말하기를 인간의 강포(强暴)가 날로 더해 가므로 모두 멸하겠다고 말하였다. 그러면서 노아에게는 잣나무로 방주(方舟)를 짓고 그 이음새마다 안팎으로 역청(瀝靑)을 발라서 물이 새어 들어오지 못하도록 하라고 일렀다. 노아는 하나님 말씀대로 행하였다. 그 때 만든 방주의 크기는 다음과 같았다. 길이가 300규빗(135m), 폭이 50규빗(22.5m), 높이가 30규빗(13.5m)이나 되었다. 거기다가 방주는 3층이나 되었다. 이런 규모의 방주라면 오늘날 2만 톤급의 선박과 같은 것이라고 한다.

이때 노아의 나이가 480세였다. 노아는 하나님이 시키는 대로 방주를 만들기 시작 하였다 그때 사람들은 노아가 만드는 방주를 보고 비웃었을지도 모른다. 그러나 노아는 하나님의 말씀대로 방주를 짓기 시작하였다.

노아의 방주가 머무른 아라랏산

하나님은 노아가 방주를 다 지은 것을 보고 말했다. 지금부터 7일 후에 40일 동안 밤낮으로 비를 쏟아 부어서 모든 생물을 쓸어버리겠다고. 그리고 노아에게 모든 동물을 암수 한 쌍 씩 방주로 끌어들이라고 하였다. 노아는 하나님의 말씀대로 준행하였다. 그리고 그의 아내와 함과 셈과 야벳 등 세 아들과 며느리들은 노아의 말을 따랐다.

드디어 큰비가 쏟아지기 시작하였다. 이때가 노아의 나이 600세가 되는 해 2월 17일이었다. 땅에서는 창수(漲水)가 솟아나고, 하늘에서는 40일 동안 밤낮으로 큰비가 쏟아지기 시작하였다. 그리하여 모든 산들이 물에 잠기고 말았다. 그 결과 지상에는 물이 150일 동안이나 창일(漲溢)하였다. 모든 생물이 죽은 것은 말할 필요가 없다. 노아의 방주는 물 위를 떠다니다가 그 해 7월 17일에 아라랏산에 머물렀다.

그동안 유럽 사람들은 알라랏산에서 방주를 찾는 이들이 많았다. 방주를 보았다는 주장은 BC 3년부터 나오기 시작하였다. 그 뒤로 많은 사람들이 그런 보고를 하였지만 방주를 보았다는 지점이 일치하지는 않았다. 1883년 지진 피해를 조사하던 터키 관리들이 얼음 위로 드러난 방주를 보았다는 보고를 하였다. 그러나 사진이나 그런 증거물은 없었다.

1916년, 러시아 공군 중위 로스코비카가 제1차 세계대전 중 아라랏산 상공을 비행하다가 얼음에 파묻혀 있는 방주를 보았다고 하였다. 그 뒤 2차 세계대전 중에도 러시아 공군 소좌 마스케린이 120m가 넘는 배의 형체를 보았다고 하였다. 그리고 1942년에는 미군 조종사가 비행 중 아라랏산 상공에서 찍은 사진을 미군 잡지 '성조'지에 실리기도 하였다. 그러나 방주의 형태로 식별되는 물체는 보이지 않았다. 그 뒤로도 노아의 방주를 찾는 탐험(探險)은 계속 되었다.

그러나 노아의 방주라고 확증할만한 자료는 나오지 않았다.

과연 우리가 노아의 방주를 볼 수 있을까. 버스는 감기 걸린 노인처럼 콜록거리며 힘겹게 달리고 있었다. 황량(荒凉)한 들판이 계속되었다. 버스는 한참동안 들판을 달려가다가 아라랏산과 반대쪽에 있는 산 위로 기어오르고 있었다. 이상한 생각이 들었다. 선교사에게 어디로 가느냐고 물었다. 노아의 방주를 보러 간다고 하였다. 그는 다시 이곳에 사는 아르메니아인들은 이 일대 모든 산들을 아라랏산이라 부른다고 하였다.

길가에는 군부대가 곳곳에 있었다. 우리를 태운 버스는 산비탈을 힘겹게 올라가다가 어느 건물 앞에서 멈추었다. 방주박물관(方舟博物館)이라는 간판을 달고 있었다. 우리는 안내자를 따라 박물관 뒤쪽으로 갔다. 거기서 안내자가 손가락으로 가리키는 방향을 바라보았다. 그런데 신기하게도 바위의 형체가 배 모양을 하고 있었다. 크기도 노아의 방주와 비슷했다. 그러나 그것이 노아의 방주라고 생각되지는 않았다. 노아의 방주가 높은 산에 있는 것이 아니고 낮은 산에 있다는 사실이 얼른 수긍하기 어려웠다. 그런대도 박물관까지 있는 것을 보면 무시할 수도 없는 일이었다. 박물관 내부에는 여러 가지 자료들로 가득 차 있었다.

박물관을 나와서 아라랏산을 바라보았다. 마침 산 정상에 머물러 있던 구름은 잠깐 자리를 비켜주어서 아라랏산의 위용(偉容)을 잠시나마 눈여겨 볼 수 있었다. 아라랏산의 정상은 낙타 등처럼 쌍봉으로 되어 있었다. 큰 봉우리를 대아라랏산, 작은 봉우리를 소아라랏산이라 부른다고 한다. 두 산의 봉우리는 멀리서 보기 때문인지 아주 가깝게 보였지만 실제 거리는 11km나 된다고 하였다. 아라랏산 정상 부근에는 만년설(萬年雪)로 하얗게 덮여 있었다.

아르메니아인들과 터키인들이 모두 신령한 산으로 여기는 아라랏산…우리는 발도 디밀지 못하고 이렇게 멀리서 바라보는 것으로 만족하여야 했다.

산을 내려오면서 쿠르드족이 사는 마을을 방문하였다. 쿠르드족은 터키, 이란, 이라크 등지에 7,500만 명이나 살고 있지만 국가가 없는 사람들이다. 그래서 이들은 테러를 일으키며 독립운동을 하고 있다. 이곳에 군부대가 많은 이유도 알 것만 같았다. 나는 국가가 없는 그들의 슬픔을 이해할 수 있었다. 그리고 테러를 일삼는 것도 충분히 이해가 되었다. 한때 우리도 나라를 잃고 방황하던 때를 생각하면서…